"十三五"国家重点出版物出版规划项目

转型时代的中国财经战略论丛

技术专家型董事视角下的融资约束与创新效率研究

——探寻中国转型时期的经济增长之谜

纪 端 著

中国财经出版传媒集团
经济科学出版社
Economic Science Press

图书在版编目（CIP）数据

技术专家型董事视角下的融资约束与创新效率研究：探寻中国转型时期的经济增长之谜/纪端著.
—北京：经济科学出版社，2019.1
（转型时代的中国财经战略论丛）
ISBN 978-7-5218-0132-3

Ⅰ.①技… Ⅱ.①纪… Ⅲ.①企业融资-关系-企业创新-研究-中国 Ⅳ.①F279.23

中国版本图书馆 CIP 数据核字（2019）第 011889 号

责任编辑：刘战兵
责任校对：靳玉环
责任印制：李　鹏

技术专家型董事视角下的融资约束与创新效率研究
——探寻中国转型时期的经济增长之谜
纪　端　著
经济科学出版社出版、发行　新华书店经销
社址：北京市海淀区阜成路甲 28 号　邮编：100142
总编部电话：010-88191217　发行部电话：010-88191522
网址：www.esp.com.cn
电子邮件：esp@esp.com.cn
天猫网店：经济科学出版社旗舰店
网址：http://jjkxcbs.tmall.com
北京季蜂印刷有限公司印装
710×1000　16 开　12.5 印张　200000 字
2019 年 1 月第 1 版　2019 年 1 月第 1 次印刷
ISBN 978-7-5218-0132-3　定价：44.00 元
（图书出现印装问题，本社负责调换。电话：010-88191510）

总　序

山东财经大学《转型时代的中国财经战略论丛》（以下简称《论丛》）系列学术专著是"'十三五'国家重点出版物出版规划项目"，是山东财经大学与经济科学出版社合作推出的系列学术专著。

山东财经大学是一所办学历史悠久、办学规模较大、办学特色鲜明，以经济学科和管理学科为主，兼有文学、法学、理学、工学、教育学、艺术学八大学科门类，在国内外具有较高声誉和知名度的财经类大学。学校于2011年7月4日由原山东经济学院和原山东财政学院合并组建而成，2012年6月9日正式揭牌。2012年8月23日，财政部、教育部、山东省人民政府在济南签署了共同建设山东财经大学的协议。2013年7月，经国务院学位委员会批准，学校获得博士学位授予权。2013年12月，学校入选山东省"省部共建人才培养特色名校立项建设单位"。

党的十九大以来，学校科研整体水平得到较大跃升，教师从事科学研究的能动性显著增强，科研体制机制改革更加深入。近三年来，全校共获批国家级项目103项，教育部及其他省部级课题311项。学校参与了国家级协同创新平台中国财政发展2011协同创新中心、中国会计发展2011协同创新中心，承担建设各类省部级以上平台29个。学校高度重视服务地方经济社会发展，立足山东、面向全国，主动对接"一带一路"、新旧动能转换、乡村振兴等国家及区域重大发展战略，建立和完善科研科技创新体系，通过政产学研用的创新合作，以政府、企业和区域经济发展需求为导向，采取多种形式，充分发挥专业学科和人才优势为政府和地方经济社会建设服务，每年签订横向委托项目100余项。学校的发展为教师从事科学研究提供了广阔的平台，创造了良好的学术生态。

习近平总书记在全国教育大会上的重要讲话，从党和国家事业发展全局的战略高度，对新时代教育工作进行了全面、系统、深入的阐述和部署，为我们的科研工作提供了根本遵循和行动指南。习近平总书记在庆祝改革开放40周年大会上的重要讲话，发出了新时代改革开放再出发的宣言书和动员令，更是对高校的发展提出了新的目标要求。在此背景下，《论丛》集中反映了我校学术前沿水平、体现相关领域高水准的创新成果，《论丛》的出版能够更好地服务我校一流学科建设，展现我校“特色名校工程”建设成效和进展。同时，《论丛》的出版也有助于鼓励我校广大教师潜心治学，扎实研究，充分发挥优秀成果和优秀人才的示范引领作用，推进学科体系、学术观点、科研方法创新，推动我校科学研究事业进一步繁荣发展。

伴随着中国经济改革和发展的进程，我们期待着山东财经大学有更多更好的学术成果问世。

山东财经大学校长

2018年12月28日

前　言

当前中国正处于经济转型阶段，创新活动作为国家发展的原动力，对经济增长的推动作用不容忽视。在当前“大众创业、万众创新”的背景下，企业重视创新活动能够增强核心竞争力、推动持续发展，由此奠定我国宏观经济增长的微观基础。然而，当前我国金融市场发展尚不完善，存在严重的融资约束。因此在金融—经济增长的研究领域中，将我国落后的金融市场体系与经济高速发展并存的现象称为“中国经济增长之谜”。与此同时，LLSV“法律—正规金融—经济增长”的传统逻辑也无法对该现象进行很好的解释。

而对于“中国经济增长之谜”的解答，不同领域的专家学者做了大量有益的尝试。在金融学领域中，国内外学者基于“非正规金融体系”与“企业融资渠道”等视角，探索金融体系对经济增长的作用机制与传导路径，却忽视了企业自身对外部环境的应对能力；在管理学领域中，“中小上市公司技术创新内生动力观”的提出挖掘了企业的内部力量，即关注公司治理机制对创新的推动作用，却忽略了外部制度环境或产业特征对企业的影响；在经济学领域中，治理机制整合理论认为内、外部机制间应该通过“相互补充、相互配合”，使企业达到最优治理效果，却忽略了我国外部接管机制并不成熟的现实。

会计学与财务学探究的主要是微观企业的主体行为，只有将其放到宏观经济的大环境中才能进行更加深刻的分析。当前融资约束是我国宏观经济背景的现实反映，对创新企业来说更为严重。而良好的公司治理机制有利于企业建立长效投入机制，促进技术创新。根据拉让尼克和奥沙利文（Lazonic and O'Sulivan，1996，1997b，1997c，1997d）的“创新型企业理论”，支持创新的公司治理架构需要满足“财务承诺”“战略控制”与“组织整合”，而董事会作为公司治理的研究核心，也应据此做出相应调整。因此，在当今中国金融变革的时代背景下，探索如何通过优化我国的董事会建设促使企业成为创新的核心推动力，也成为回答“中国经济增长之谜”的有效途径之一。

首先，本书在回顾相关的国内外经典文献后，通过界定相关概念与整合基础理论，搭建起了本书的分析框架。继而结合我国的实际情况探讨了融资约束对企业创新的影响，认为融资约束抑制了企业的创新投入并加剧了管理者操控研发费用，对创新投入具有消极影响；同时，企业创新活动的成功与否很大程度上也取决于对创新投入的有效管理。因此，本书透过技术专家型董事的视角，分析了其对融资约束的主观应对以及对创新效率的积极影响，尝试从公司治理的角度来揭示“中国经济增长之谜”，同时也为后文构建计量模型奠定了理论基础。

其次，本书通过建立融资约束与创新效率之间的计量模型，实证发现融资约束能够显著提升创新效率，其中融资约束反映出我国落后的金融发展现状，而提升创新效率却能够推动经济发展，即该发现符合金融—经济增长领域研究中对“中国经济增长之谜”的概念界定，这不仅为“中国经济增长之谜”存在于我国创新领域提供了经验证据，也为后文基于技术专家型董事视角来解答该问题提供了事实依据。

最后，本书首先验证了融资约束对企业创新的消极影响，发现融资约束对企业的创新投入具有显著的负面效应。而在引入技术专家型董事变量之后，发现其不仅能够缓解融资约束导致的共性问题，即降低了创新投资对内部现金流的过度依赖，而且对研发费用操控，即融资约束为企业创新带来的特性问题，也能起到较好的治理作用。也就是说，技术专家型董事通过以上两条路径来缓解融资约束对企业创新带来的消极影响，从而保证企业的创新投入。此外，本书基于SCP研究范式与高层梯队理论，构建起“技术专家型董事—创新效率—企业绩效”的统一框架，认为技术专家型董事能够通过提高创新效率而提升企业绩效，并进一步验证了不同类型技术专家型董事对创新效率的积极影响，即从“整体—部分”两个层次肯定了技术专家型董事的创新驱动作用。在此基础上，本书也发现融资约束变量的引入，的确能够激发技术专家型董事发挥主观能动性，提升其对创新效率的积极作用。以上发现为基于技术专家型董事视角来探讨“中国经济增长之谜”提供了强有力的证据。

综上所述，本书基于技术专家型董事视角，从两条路线出发来解答“中国经济增长之谜”：其一是技术专家型董事能够缓解融资约束的消极影响，以此保证创新投入；其二是技术专家型董事不仅能够提升企业的创新效率，也通过该作用路径提升企业绩效。而且在融资约束背景下，技术专家型董事通过发挥主观能动性增强了对创新效率的积极影响。

简言之，本书认为，对于“中国经济增长之谜”的思考，不能割裂宏观经济背景与微观企业行为之间的联系，即需要在考虑融资约束的外部条件下来考察技术专家型董事的主观能动性。本书的研究有助于回答如下问题：在构建以创新为中心的公司治理架构中，技术专家型董事的主要作用路径是什么？为什么我国金融体系相对落后，但是企业的创新效率却能够提高？而对以上问题的回答不仅为技术专家型董事的创新驱动效应提供了实证依据，也为探索中国特色自主创新道路下的董事会治理提供了崭新而重要的视角。

纪　端

2018 年 6 月

目　录

第 1 章　导论 ······ 1

1.1　研究背景与意义 ······ 1
1.2　国内外文献回顾 ······ 5
1.3　研究思路、结构与方法 ······ 16
1.4　本书的创新之处 ······ 22

第 2 章　概念界定与理论基础 ······ 24

2.1　概念界定 ······ 24
2.2　理论基础 ······ 29
2.3　本章小结 ······ 37

第 3 章　融资约束提升创新效率的实证研究 ······ 39

3.1　理论分析与研究假设 ······ 40
3.2　研究设计 ······ 42
3.3　实证结果 ······ 49
3.4　本章小结 ······ 59

第 4 章　技术专家型董事对融资约束的缓解效应 ······ 61

4.1　理论分析与研究假设 ······ 62
4.2　研究设计 ······ 64
4.3　实证结果 ······ 68
4.4　本章小结 ······ 80

第5章　技术专家型董事对融资约束的治理效应 …… 82

5.1　理论分析与研究假设 …… 84
5.2　研究设计 …… 89
5.3　实证结果 …… 93
5.4　本章小结 …… 102

第6章　技术专家型董事的创新驱动作用 …… 105

6.1　技术专家型董事创新驱动作用的实证检验 …… 107
6.2　技术专家型执行董事驱动企业创新的作用路径分析 …… 135
6.3　融资约束对技术专家型董事创新驱动作用的调节效应 …… 156
6.4　本章小结 …… 164

第7章　结论、政策建议与研究展望 …… 167

7.1　结论 …… 167
7.2　政策建议 …… 169
7.3　研究展望 …… 170

参考文献 …… 172

第1章 导　论

1.1 研究背景与意义

1.1.1 研究背景

企业创新不仅推动了自身的可持续发展，也夯实了宏观经济增长的微观基础，对建设创新型国家具有重要作用。首先，从国家层面来分析，企业创新具有时代紧迫性。在当前“大众创业、万众创新”的背景下，我国经济发展的动力逐步由要素驱动、投资驱动转向创新驱动，作为世界第二大经济体，我国当前经济总量 10 万亿美元（GDP）与美国 17 万亿美元（GDP）的差异主要体现在创新层面。[①] 其次，从产业层面来看，企业创新具有必要性。当前经济增长的新动力主要源于技术进步与产业结构升级，其中产业结构升级更加依赖于创新活动。最后，从微观视角的创新主体来看，企业自身也需要认识到创新的重要性。企业提高创新效率不仅能够增强其核心竞争力，保证自身的持续发展，而且能够充分调动宏观经济的活力。但反观我国的现实情况，能够发现当前的经济发展缺乏具有引领作用的战略性产业，经济下行且投资疲软，产能过剩且缺乏升级空间，以上现象皆说明我国企业存在创新不足的问题。与此同时，融资约束也是我国当前金融发展的客观现状。莱文（Levine，2002，2005）认为金融发展能够提升金融资源的配置效率、分散企

① 数据来源于世界货币基金组织 2014 年的统计。

业投资风险，并以此降低企业受到的融资约束、逐步扩大企业投资，最终提升企业绩效，这也概括出学者对金融发展与经济增长认识的主流观点。然而艾伦（Allen，2005）结合中国的现实情况，认为中国落后的金融体系并不能解释经济的高速发展，由此提出了“中国经济增长之谜”。

之前与企业创新相关的研究往往将切入点聚焦于创新投入，而忽略了创新活动特性能够导致投入与产出发生偏离的现实。首先，创新活动风险大、收益回收期长，加剧了创新活动中的委托代理问题。其次，创新活动复杂性高、专业性强，只有专业人士才能够将创新投入的效果发挥到最大。最后，创新活动中还存在着另类的信息不对称问题：一方面，创新产出的不确定性导致会计确认、计量与披露的难度加大，所以外部投资人仅仅依据标准化的财务报告，较难对企业财务状况做出明确的主观判断；另一方面，企业不希望竞争对手获知创新发展的相关信号，因此对创新活动的保密程度较高，这也加剧了创新企业中的信息不对称。综上所述，对于创新活动而言，投入仅仅是影响创新效率的重要因素，而绝非充要条件，虽然学术界往往将创新投入与创新效率等同，将二者皆作为企业创新能力的替代指标，但值得注意的是，二者在现实中存在着绝不可逆的逻辑关系：其一，没有创新投入就没有创新产出，因此创新投入是创新效率的基础，但只强调创新投入却不强调创新效率，就失去了开展创新活动的原本目的；其二，创新效率是创新投入的经济后果，但由于创新活动的风险较高，过多地强调创新效率必然导致创新投入减少，不利于企业创新的良性循环。然而相比较而言，创新效率不仅能够反映出创新投入与产出的关系，也可以更好地代表企业的创新能力。

此外，企业创新投入需要有效的融资体系来支持，否则提升企业自主创新能力就无从谈起。而结合我国相对落后的金融发展现状，融资约束是研究微观企业不容回避的问题；创新活动风险大、投资回报期长、代理问题严重等特性，使企业创新的融资约束更加突出，即融资约束成为探讨企业创新问题时不容忽视的客观存在。所以说融资约束、创新投入与创新效率三者之间存在着必然的联系。

拉詹和津加莱斯（Rajan and Zingales，1998）在探究制度规则的作用机制时，认为制度首先作用于微观组织，并通过影响企业行为形成传导机制，最终反馈到宏观经济当中。与该逻辑相同的是，融资约束作为客观存在的现实环境，能够作用于微观企业的创新行为，最终影响宏观经济发展。因此，结合我国金融发展现状，本书认为融资约束不仅是微观企业面临的现实环境，同时也是连接外部环境与内部治理、金融环境与企业创新的逻辑桥梁。进一步结合“中国经济增长之谜”的问题，本书认为我国金融发展欠缺、企业面临融资约束都是不争的事实，但如果在当前环境下企业创新效率仍旧得以提升，那么该逻辑链条能够很好地证明我国创新领域中的确存在着“经济增长之谜”。同时，学者对融资约束与创新投入的研究已经较为深入，但对融资约束与创新效率之间的关系还留有较大的研究空间。因此，本书重点研究融资约束与创新效率二者间的关系。

外部环境与内部治理机制共同影响着企业的创新决策，我们已经认识到融资约束作为企业创新外部环境的重要性，而在企业内部中以公司治理为核心的组织制度建设，也能够从不同维度来影响企业创新。然而董事会作为公司治理的核心机制，其对创新活动的影响应该得到理论界的足够重视。纵观发达国家的公司治理经验，当企业治理机制发展较为成熟时，内部领导权配置由多数董事来决定。而我国的实际情况是：一方面，股权集中度较高，存在着大股东绝对控股并占有绝对多数董事会席位的现象，小股东只能通过用脚投票来制衡大股东；另一方面，上市公司多由国有企业改制而来，并且由于企业存在性质差异，我国企业的实际控制权摇摆于政府、大股东与经理之间。企业治理的基本精神在于契约精神，需要“按规则解决分歧、按规则合作”，也就是说，董事会理应成为各利益主体之间“谈判”的论坛与界定共同利益的主体。此外，拉让尼克和奥沙利文（Lazonic and O'Sulivan，2000）以及奥沙利文（O'Sulivan，2000）提出了组织控制理论，该理论基于企业创新，将公司治理、创新与经济发展置于统一的分析框架，并且早在1912年创新理论中，熊彼特就揭示了技术与创新的天然联系，汉布瑞克和梅森（Hambrick and Mason，1984）的高层梯队理论（upper echelons theory）也肯定了技术等职能背景对高管决策的影响。因此在支持创新的公司治理框架下，技术专家型董事的作用也理应得到重视。而如何加强中国特色自主创新道路下的董事会治理，也成为当前构建支持创新的公司治理架构的关键所在。因此，本书试图基于技术专家型董事的视角，对创新领域中的“中国经济增长之谜”进行剖析。

1.1.2 研究意义

1. 理论意义

第一，尝试构建我国转轨经济背景下董事会治理与企业创新的理论框架，基于技术专家型董事视角来发掘其对融资约束的能动作用以及对创新效率、企业绩效的积极影响，即试图从微观企业的公司治理视角来解释“中国经济增长之谜”。

第二，丰富并扩展了拉让尼克和奥沙利文（Lazonick and O'Sulivan，2000）创新型企业理论，通过综合财务管理与公司治理视角进行实证检验，通过“财务承诺、战略控制与组织整合”的理论框架提供经验支持，结合外部融资约束来分析企业内部治理机制与创新行为，为创新型企业理论在中国发展提供了经验与数据支持，也为拓展会计学与公司财务的研究领域做出了积极尝试。

第三，以融资约束为逻辑桥梁，充分挖掘“技术专家型董事”的能动作用，以此考虑现实背景下董事会治理的优化路径，在丰富董事会治理相关文献的同时，为构建具有后发优势的中国公司治理模式做出了一定的贡献。综合考虑外部环境、内部治理因素以及二者的交互作用，深入探讨技术专家型董事对企业创新的影响机理与作用路径，为后续研究提供了思路借鉴，丰富了企业创新的相关文献。为研究中国特色自主创新道路下的董事会治理提供了崭新而重要的视角。简言之，本书以融资约束作为连接内部治理与外部环境的逻辑桥梁，充分挖掘“技术专家型董事”的能动作用，为构建具有中国特色、支持创新的公司治理范式做出了一定贡献。

2. 现实意义

第一，通过实证检验融资约束与创新效率二者间关系，并将融资约束对创新效率的显著正向影响定义为我国创新领域中的“中国经济增长之谜”，为进一步研究提供了经验支持，为中国特色自主创新道路下的董事会治理提供了优化方案，探索了适合当前经济发展、具有后发优势的中国公司治理模式，也为从微观层面落实国家创新发展战略提供了经验启示。

第二，从共性与特性两个方面，验证了技术专家型董事对融资约束的积极应对，这也从公司治理角度回答了企业如何在融资约束的环境下缓解创新资金瓶颈的问题；从技术专家型董事（整体）以及不同类型技术专家型董事（部分）两个层次，验证了技术专家型董事的创新驱动作用，并进一步探究了融资约束对创新驱动作用的调节效应。

第三，本书在研究过程中构建了技术专家型董事数据库，不仅为创新发展战略提供了技术管理人才智库，同时为进一步的学术研究提供了数据支撑。

1.2 国内外文献回顾

莱文（Levine，2002，2005）提出了有关金融发展与企业增长的主流认识，认为金融发展可以使金融资源配置更有效率，即金融体系越发达，经济发展就越快。但艾伦（Allen，2012）提出反例，认为中国落后的金融体系与高速的经济发展并不匹配，因而提出了“中国经济增长之谜”的假说。虽然我国持久的经济发展离不开企业的创新活动，但是结合我国实际情况，融资约束作为企业必然面临的天然环境，创新活动会受到更为严重的融资约束。近年来，有关技术专家型董事、融资约束与企业创新之间关系的研究，往往聚焦于两者之间的单方面联系，缺乏将三者直接放置于统一框架的系统探讨。此外，与以往文献重点关注创新投入不同，考虑到创新活动特性容易导致投入与产出发生偏离的现实，本书从创新投入与创新效率两个维度来衡量企业创新。

1.2.1 融资约束与企业创新

现有学者基于融资约束对创新投入、创新效率的影响分别展开了相关研究，基于不同的研究背景和研究目的，得出了不同甚至看似矛盾的结论，而对于融资约束的度量，学者也有不同的方法。融资约束的概念由法扎里等（Fazzari et al.，1988）首次明确提出：由于资本市场发展并不完备，较之于内部融资成本而言，外部融资的成本往往较高；然而，企业投资需要资金支持，那么当内源融资无法满足时，外源融资便成为企业投资的主要来源，当外源融资成本过高且超出企业的支付水平时，便导致企业投资无法达到最优，因此形成融资约束。一些学者在此基础上对融资约束的概念给予了进一步的肯定和描述，卡普兰和津加莱斯（Kaplan and Zingales，1997）认为融资约束问题广泛存在于当企业的外源融资成本大于内源融资成本时，因此该定义相对来说较为宽泛。席尔瓦和卡雷拉（Silva and Carreira，2012）则将融资约束定义为由于外部融资短缺而造成企业难以投资与发展的现象。

1. 融资约束的度量

由于融资约束较难被直接观察，学术界对如何度量融资约束也开展了广泛的研究，主要集中在以下两个方面：其一是定性方式，主要是建立企业是否受有关融资约束的测试模型；其二是定量方式，即直接构造融资约束指数。

考察融资约束的投资模型主要包含以下四种：新古典模型、销售加速模型、托宾 Q（Tobin Q）模型以及欧拉方程。乔根森（Jorgenson，1963）首次建立了新古典模型，认为企业投资决策会受到企业资本成本的影响；在此基础之上，亚伯和布兰查德（Abel and Blanchard，1986）考虑到销售收入能够正向影响企业投资，通过删除资本成本的相关变量而进一步提出销售加速模型；随着研究的逐步深入，托宾 Q 模型与欧拉方程则成为被广泛应用的投资模型。

托宾（Tobin，1969）提出了投资 Q 模型的思想，认为投资的市值与重置成本决定了投资需求，后来文献将该比值定义为 Tobin Q。林文夫（Hayashi，1982）基于新古典模型构建出可检验的 Q 模型，但并没有进一步明确其中 α_2 的经济含义，详见模型（1－1）。法扎里等（Fazzari et al.，1988）率先将融资约束与企业投资—现金流敏感性相联系，认为 α_2 代表的是企业所受到的融资约束，其内在逻辑是企业受到融资约束影响时，企业投资对内部现金流的依赖性就会增强，结合模型（1－1）来分析就是现金流系数 α_2 较大，企业受到的融资约束程度与投资—现金流敏感性是显著的正向相关关系。

$$\left(\frac{1}{K}\right)_{it} = \alpha_0 + \alpha_1 Q_{it} + \alpha_2\left(\frac{CF}{K}\right)_{it} + \varepsilon_{it} \qquad (1-1)$$

亚伯（Abel，1980）最早提出欧拉方程，邦德和麦吉尔（Bond and

Meghir，1994）与莱文（Laeven，2003）在此基础上进一步发展，认为 β_4 能够反映企业是否受到融资约束，即如果 β_4 的符号是正且显著，说明企业的投资存在融资约束的情况，详见模型（1－2）。欧拉方程基于动态的欧拉条件进行推导，其逻辑认为当企业不受融资约束时，企业的投资机会便不会反映于融资变量，由此能够更加真实地反映二者之间的关系。

$$\left(\frac{R}{K}\right)_{i,t}=\beta_0+\beta_1\left(\frac{R}{K}\right)_{i,t-1}+\beta_2\left(\frac{R}{K}\right)^2_{i,t-1}+\beta_3\left(\frac{S}{K}\right)_{i,t-1}+\beta_4\left(\frac{CF}{K}\right)_{i,t-1}+\varepsilon_{i,t} \tag{1-2}$$

学者卡普兰和津加莱斯（Kaplan and Zingales，1997）开启了定量测度融资约束的研究领域：首先将有限样本按照企业的财务状况进行定性划分，判断其是否受到了融资约束；然后用数量关系将融资约束等级与企业的特征变量相关联，继而推广到更大的样本，以此计算出各个企业的融资约束指数。拉蒙特等（Lamont et al.，2001）在该研究的基础上，进一步运用 Ordered Logistic 模型，构造 KZ 指数来反映融资约束程度。王美德等（Whited et al.，2010）利用 GMM 方法，通过对欧拉投资等式进行估计，从而构建了 WW 指数。由于 KZ 指数与 WW 指数都包含了现金流、企业杠杆等具有较强内生性的变量，为避免研究结果受到以上变量的干扰，哈德洛克和皮尔斯（Hadlock and Pierce，2010）仿照卡普兰和津加莱斯（Kaplan and Zingales，1997）的方法，首先依据财务报告定性地划分了企业受融资约束的强弱程度，最后选取了两个具有较强外生性的变量——企业规模（SIZE）与企业年龄（AGE）来刻画融资约束指数。

2. 融资约束与创新投入

融资约束与企业创新紧密相关。纳尔逊（Nelson，1959）与阿罗（Arrow，1962）较早关注企业创新的融资约束，认为知识的非排他性、创新活动的高风险性，皆使管理层的创新动机受限而投入不足。霍尔（Hall，1992，2002）还发现创新活动信息不对称、投入大、周期长，使得创新企业的融资约束更严峻。因此，企业创新无法仅依靠内部资金支持，也需要外部资金（Jiahong Zhang and Warren Hal，2010；韩剑和严兵，2013）与有效的融资体系来支撑（Schumpeter，1991）。

企业的创新活动在一段较长的时期内需要稳定而持续的投入，而受经济环境波动与商业周期变化的影响，企业的创新活动无法仅仅依靠内部资金来支持。企业开展创新活动需要外部资金支持，梅加纳·阿亚加里等（Meghana Ayyagari et al.，2008）发现企业外部融资能力越强，创新的积极性就越高，并且该类企业往往具有生产率水平较高、管理素质和经验较强等共同特征。当借助外源融资成为企业创新的一种必然选择时，内外源融资的成本差别，也意味着企业创新活动必然会受到融资约束的影响。霍尔（Hall，1992）最早提出将融资约束与创新投入相联系的研究视角，认为创新活动的信息不对称与高风险显著制约了创新投入。解维敏和方红星（2011）通过我国上市公司的数据也得到了与之类似的结论，即融资约束显著抑制上市企业的创新活动；该研究也认为，与国有上市企业相比较，私营上市公司所面临的融资约束更加严重，而改善金融环境有利于私营上市企业的发展。霍尔（Hall，2002）的研究证明了创新投入金额大、周期长、变现慢等特点，加剧了企业受融资约束影响的程度，因此创新活动对企业的内部资金具有较强的依赖性。而我国资本市场建设尚不健全，也导致企业创新会面临更强的融资约束。刘胜强等（2015）通过比较创新融资与债务融资，列举出创新活动的六个特征，以此来分析我国企业创新受较强融资约束的原因：一是创新投入的高风险加剧了投资回报的高度不确定性；二是创新投入所形成的无形资产较难被抵押，因此不易获得贷款；三是创新活动中存在的严重信息不对称问题，加大了管理层进行逆向选择和道德风险的概率；四是创新活动未来现金流的现值，较难采用恰当的方法被合理地估计；五是基于保护商业秘密，创新主体往往不愿向出资方披露信息；六是财务危机对进行创新活动的公司危害较大，因为创新投入形成的资产技术含量高且专用性强，如果缺少二次创新则市场资产的利用价值不高。以上特征都导致创新投入比固定资产的融资约束更为严重。

由于创新投入对内源融资具有较强的依赖性，这又使企业的创新活动面临以下两个难题：一是内部融资具有较强的不稳定性，创新投入过度依赖内部融资不仅使创新活动易受到外部冲击，而且也会提升创新活动因资金断裂而停止的概率；二是创新活动具有较高的调整成本，一旦资金突然中断便会造成较大的经济损失，使企业丧失发展的机会。

针对我国企业融资与创新活动现状，融资约束对创新投入具有消极影响这一研究结论，得到学术界一致的认可，并且具有现实数据与理论分析的双重支撑。第一，从现实数据来看，我国企业内部创新投入较低。霍尔和奥里亚尼（Hall and Oriani，2004）通过分析美、德、法、英、意1989～1998年的数据，测算出其R&D投入强度分别为4.9%、4.5%、4.2%、2.9%、3.3%。但在2008年时，我国大中型工业企业R&D投入强度仅为0.84%（由《2008年全国科技经费投入统计公报》计算得出），九大行业中的R&D投入强度皆不超过2%。而到2015年时，我国也仅在铁路、船舶、航空航天和其他运输设备制造业以及仪器仪表制造业中，R&D投入强度超过2%（由《2015年全国科技经费投入统计公报》计算得出）。第二，我国经济转轨背景下，金融市场尚不发达，融资约束严重抑制创新投入（唐清泉和徐欣，2010；刘春玉，2011；唐清泉和肖海莲，2012；卢馨等，2013；鞠晓生等，2013；刘胜强，2015）。基于创新活动的特性，创新可分为探索式创新与常规式创新，前者融资约束程度更高（顾群和翟淑萍，2014），且更易受负债融资约束（肖海莲等，2014）；从创新投入来源看，创新投入以内部资金、外部融资与政府补贴为主要支撑（唐清泉和徐欣，2010），并对内部资金更为依赖（唐清泉和肖海莲，2012；钟凯等，2017）；基于对创新投入的平滑机制，学者从企业内部现金持有（Brown and Petersen，2011；Shin and Kim，2011；杨兴全和曾义，2014）、营运资本（Baum et al.，2013；鞠晓生等，2013）、非沉淀性冗余资源（甄建斌等，2018）以及外部环境、分析师关注（余明桂等，2017）、政府补助（陈希敏和王小腾，2016）、政府采购（邓翔等，2018）、金融发展（鞠晓生，2013）等视角展开研究。

3. 融资约束与创新效率

融资约束通过以下两条路径来影响企业的技术效率：其一是对资金投入的影响。如前所述，企业创新活动需要持续、稳定的创新投入，而在融资约束的情况下，企业往往会将资金投入到“短平快”的项目当中，即外部融资约束加剧了管理层对研发费用的操控，导致企业缺乏足够的创新投入。其二是对企业内部治理机制的作用。创新理论认为，资源受限时人脑更有创造力，也更易取得成功。塞纳（Sena，1998）的研究认为，当企业受融资约束影响较为严重时，管理层为避免企业陷入经营或者破产困境，将更有动机挖掘企业的内部潜力，通过提高管理水平、组织灵活性等方式来克服融资约束的消极影响，进而提升企业的技术效率。顾群和翟淑萍（2012）也通过我国上市企业的数据，发现融资约束与企业的研发效率呈显著正相关关系。

此外，创新效率在一定程度上也能够代表创新投入的投资效率，那么结合詹森和麦克林（Jensen and Meckling，1976）提出的代理理论来分析，当管理层进行项目投资时，很有可能基于自身利益而投资于并不经济的项目，即进行非效率投资。迪特马尔和撒克（Dittmar and Thakor，2007）研究发现，与拥有大量现金的企业相比较，持有少量现金的企业往往投资效率更高，因为在融资约束的影响下管理层支配的现金越少，便会越谨慎，这也在一定程度上提高了创新投资的效率。格罗斯曼和哈特（Grossman and Hart，1986）、霍瓦基米安（Hovakimian，2011）也发现当管理层面临资金不足时，会更加谨慎地选择更有价值的投资项目，以此来提高投资效率。

综上所述，理论界关于融资约束对创新效率存在何种影响存在相左的观点：一些学者认为，融资约束情境下管理者可支配现金变少，会更谨慎地将资金投入价值更高的项目（Dittmar and Thakor，1976；Grossman and Hart，1986；Hovakinmian，2011），创新理论也支持人在资源受限时更具有创造性，比如能够充分挖掘企业内部潜力，通过提高管理水平、组织灵活性等克服融资约束的消极影响（Sena，1998），即融资约束能提升创新效率（Sena，2006；顾群和翟淑萍，2012；颜秀春等，2014；韩晓杰等，2017）。还有学者持相反意见，认同资源观、战略理论与财务冗余理论的观点，支持宽松的资源环境更利于创新（刘春玉，2011）。

1.2.2 公司治理与企业创新

公司治理是企业保证创新效率的制度基础。良好的公司治理不仅有利于企业建立长期有效的投入机制，而且可以使企业通过创新获得核心竞争力，从而更好地保证股东利益。而以新古典经济学（neoclassical economics）为基础的公司治理理论，包括“股东至上”的单边治理理论（unilateral governance theory）与“利益相关者”的共同治理理论

(stakeholder co-governance theory)，虽然在治理目标、主体以及结果方面存在差异，但探讨的核心问题都是“剩余分配”。拉让尼克（Lazonick，1991）指出，市场经济理论的最大缺陷是无法解释经济发展的中心问题，往往只关注于价值配置而忽略了价值创造。同时，新古典经济学的理论框架中并不涵盖创新，奥沙利文（O'Sullivian，2007）认为，只有将创新经济学纳入分析框架，才能够说明何种公司治理形式能够更好地提升企业绩效，并由此提出“财务承诺、战略控制与组织整合”的组织控制理论。

虽然之前我国的大量研究介绍了当代西方经济学理论中的企业理论，但主要集中于新古典理论中的各种流派，忽视了“动态企业能力”学派的发展前沿，随着公司治理与创新之间的关联更加密切，我国学者也逐渐重视组织控制理论，并且在该理论框架下探讨公司治理与企业创新之间的关系。基于公司治理的角度，党印（2012）认为，在经济增长模型中应纳入公司治理元素，因为其能够影响投资效率与技术创新，从而作用于经济增长。鲁桐与党印（2014）也认为，公司治理特征理应与行业特点相匹配，并以2006～2010年1344家沪深A、B股公司为样本，以要素密集度为标准划分劳动密集型、资本密集型和技术密集型三类行业，对比考察了不同行业公司治理特征对技术创新的影响关系。研究发现，在以上三类行业中，第二至第十大股东持股比例、基金持股比例和董监高持股比例对研发投入均有显著的正向影响。而在资本密集型和技术密集型行业中，对董监高实施薪酬激励有利于企业开展创新活动。对于前者，国有第一大股东持股比例与研发投入正相关；对于后者，核心技术人员的期权激励能够显著地正向影响企业创新。从金融发展与公司治理结合的角度，鞠晓生（2013）认为“中国经济增长之谜”反映出的现实并不能够用LLSV的“法律—金融—经济增长”研究逻辑来解释，而是符合创新型企业理论中“财务保证”“战略控制”“组织整合”的概念模式，实证结果也为创新型企业理论提供了经验支持；同时，基于培育企业创新的角度，他认为让公司内部人拥有更多的财务整合权利十分重要。从管理学与公司治理结合的角度，徐向艺与汤业国（2013）将组织控制理论与企业创新发展紧密连接，运用2007～2010年我国中小上市公司面板数据，对董事会结构与技术创新水平之间的关联性进行了实证检验。研究认为，董事会规模与技术创新投入和产出均具有显著的倒 U 型关系，董事会独立性、两职合一与技术创新产出之间存在显著的正相关关系；研究还认为，对于技术创新这类长期投资而言，中小上市公司的董事会治理起到了较为显著的作用，而且结构合理、运作良好的董事会能够以公司的长远发展为主旨，更加偏好于促使公司成长的科学决策。

1.2.3 董事会治理、融资约束与企业创新

众多研究表明，企业内部治理机制对技术创新来说具有重大意义：一方面，内部治理机制能够对企业的创新投入以及权、责、利的配置起到决定性影响；另一方面，当企业在外部环境、市场影响力、规模等方面近似时，创新方面的差异只能由企业内部解释。基于现实经验，创新活动管理权的归属反映出企业控制权的最佳配置和公司治理的发展方向。在公司治理发展较为成熟的美国，企业管理权集中于董事会，而我国则摇摆于政府、大股东与经理之间。随着董事会战略决策作用逐步增强，其对企业创新活动的影响也逐渐提高。贝洛克（Belloc，2012）的研究也表明，企业创新程度取决于是否投资创新项目以及如何整合人力和物质资本，而董事会恰好对以上决策具有决定作用。由此可见，我们要重视董事会对创新的主导作用，也应该提高董事会进行创新决策的能力。随着董事会异质性研究的逐步深化以及企业中 CTO（chief technology officer，首席技术官）作用的逐渐凸显，作为技术创新的主体，企业应该重视技术专家型董事的作用发挥。因此，本书有必要以技术专家型董事的视角，阐释融资约束对创新效率影响的作用机理。

1. 董事会治理对融资约束的能动作用

董事会能够通过发挥监督职能，缓解融资约束对创新投入的消极影响。布里克利和詹姆斯（Brickley and James，1987）研究发现，独立董事的监督能够降低高管人员的在职消费；埃尔马兰和魏斯巴赫（Hermalin and Weisbach，1998）研究发现，通过解雇业绩不佳的 CEO 可以缓解信息不对称与代理问题，进而降低了权益融资成本。此外，由于董事与企业的外部联系较多，也有利于架起企业与大众间沟通的桥梁，通过改善信息不对称而缓解融资约束。

董事会不仅能够缓解融资约束的消极影响，而且在适应外部环境时，也能够更好地发挥主观能动性。结合创新理论来分析，人脑在出现资源短缺时会更加具有创造力，可选择的路径少反而能够提升创新活动的针对性与成功的可能性。贝克和纳尔逊（Baker and Nelson，2005）的研究结果不仅印证了创新理论的观点，而且发现在资源受限条件下推出的新产品往往更加成功。此外，代理理论从资源冗余的角度分析，认为该情境下会加剧代理问题，从而导致低的投资效率。毕晓方（2010）的研究也为代理理论提供了经验支持，实证结果发现更多的资源与企业绩效呈现出显著的负相关关系。

2. 董事会治理对企业创新的积极影响

汉布瑞克和梅森（Hambrick and Mason，1984）的高层梯队理论为董事职能背景能够影响企业决策的观点提供了坚实的理论支撑。同时，巴克马（Barkema，2007）等认为，相比于人口统计特征层面的异质性，董事会成员的职能背景的异质性对企业创新决策的影响更加深远。资源基础观认为企业的竞争优势来源于特异的资源和能力（Hillman and Dalziel，2003），资源依赖理论认为企业生存取决于从外界获取关键资源的能力，其中包括获取专家的意见（Offstein et al.，2005；Pfeffer and Salancik，1978；Baysinger and Hoskisson，1990）。因此，这也肯定了技术专家型董事的专业背景对创新决策的重要影响。技术专家型董事作为企业难以复制的资源，不仅为企业创新提供了竞争优势，也通过提高董事会的专业技术能力，更好地作用于企业的创新战略。

随着创新对经济的作用逐步提升，一些学者开始找寻企业内部创新的驱动机制，逐渐将研究重点聚焦于技术专家型董事，并积累了一定的研究成果。虽然技术专家型董事非常重要，但目前相关研究仍较少。

首先，从概念演进的视角分析，阿德勒和弗多斯（Adler and Ferdows，1990）首次提出了技术专家型董事概念，将其定义为企业为鼓励核心研发而设置的，集管理、战略责任于一身的CTO，罗伯茨（Roberts，2001）、姆迪科夫（Mdecof，2008）也得出相似定义。我国学者结合本土治理实践，对该定义逐步进行了完善：魏刚（2007）明确提出了“专家假设”，将专业背景与工作经历作为专家的评判标准；胡元木（2012，2017）从技术专利、发明奖励的角度对该范围进行了扩展；

赵子夜（2007）、王跃堂（2017）则从行业视角做出了进一步限定。

其次，从技术专家型董事对企业创新影响来分析，发现技术专家型董事能够提升企业的创新投入与产出效率（韩忠雪，2014；胡元木，2017；虞义华等，2017），进而对企业绩效产生积极影响（胡元木，2017；张琴，2018）。在引入外部环境因素后，研究发现，一方面，良好的制度环境能提升技术专家型董事对创新效率的积极作用（韩忠雪，2015），另一方面，企业在面对产品市场的激烈竞争时，会通过提升技术专家型董事占比，提高企业创新效率。结合内部治理因素，学者验证了技术专家型独立董事（胡元木等，2016）与技术专家型非执行董事（胡元木和纪端，2017）对管理层操控研发费用的监督作用。此外，还有学者基于董事会网络（王光荣和李建标，2015）与非正式层级（曾江洪和肖涛，2015）的视角，验证了技术专家型董事对创新的积极作用。还有文献集中于技术专家型董事对产业链以及研发效率的影响。基于对产业链的影响，杜龙政等（2010）认为技术专家型董事的存在，不仅使企业更加关注技术要素，而且有利于构建技术主导型的产业链；汪延明（2010）等认为，产业链董事会主要依靠技术和信息进行决策，所以应以技术专家型董事和信息董事为主；汪延明与李维安（2014）肯定了技术专家型董事在产业链董事会中的核心地位以及发挥的专家效应。基于对 R&D 效率的影响，胡元木（2012）、韩忠雪等（2014）验证了技术专家型董事能够显著提升 R&D 效率。

1.2.4 文献述评

综上所述，虽然现有文献分别基于融资约束以及董事会治理对企业创新的影响展开研究，但仍然存在进一步的探索空间。

首先，尚未有研究将技术专家型董事、融资约束与企业创新置于统一研究框架，系统、动态地考察三者间的“链条”机理。学者对于企业创新主要从以下两个视角来分析：一类基于财务视角分析企业现金流状况、融资渠道、金融体系对创新的传导机制，该类研究多集中于财务、金融研究领域；另一类研究基于公司治理视角来分析企业的高管特征、管理层激励、机制优化对企业创新的影响，而董事会作为公司治理研究的重点，之前文献往往采用董事会规模、独立董事人数、两职分离

（合一）等指标来检验董事会对创新投入或者效率的影响，此类研究多集中于管理学研究领域。也可以说，当前打破学科界限，将企业放置于宏观环境下的治理机制研究还较少。

其次，之前学者在研究融资约束时重视其对创新投入的作用，而对于融资约束与创新效率间的关系，由于研究者采用的方法与测量指标存在差异，导致结论并不一致。而在研究企业融资能力与生产发展能力时采用的数据往往偏重宏观经济层面，在新经济增长理论中，罗默（Romer，1986）和卢卡斯（Lucas，1988）认为企业才是研发创新的主体，企业层面的创新投入是技术进步与经济增长的核心动力。因此，有必要用企业的微观数据来进一步分析融资约束与创新效率的关系。

最后，结合现实经济发展来看，融资约束与创新效率之间的关系反映了外部环境对企业创新活动的影响，即融资约束作为外部环境与微观企业的传导机制能够影响企业的创新效率。创新效率又代表了投入与产出两个方面，融资约束的消极作用主要作用于创新投入，即融资约束能够抑制创新投入；而融资约束的积极作用则主要作用于创新产出，即在资源约束下管理层更有动机去提高现有资源的使用潜力，从而提升创新效率。然而，之前文献并没有综合看待融资约束为企业创新带来的双重影响，也没有从董事会治理视角来找寻创新企业内部的驱动机制：融资约束对于企业创新来说是一把“双刃剑”，一方面对于创新投入具有消极作用，另一方面能够激活内部治理机制，对创新效率具有积极影响。

本书认为在“大众创业、万众创新”的背景下，现阶段研究应该充分重视中国自主创新道路下的董事会建设，注重董事的技术专长对创新活动的积极影响。此外，也应该充分考虑内部治理的能动作用，包括其对融资约束的积极缓解与应对。目前还尚未有学者从公司治理与财务管理相结合的角度，对组织控制理论的框架进行解读，因此本书基于董事会治理的视角对融资约束与创新效率之间的关系进行解释，即试图通过分析融资约束下技术专家型董事的能动作用，来解答创新领域中的“中国经济增长之谜”。简言之，融资约束是经济新常态下宏观经济的现实反映，更是企业创新不容回避的问题，技术专家型董事对创新决策与资源配置等具有重要影响。因此，需要结合融资约束情景，深入分析技术专家型董事的主观能动性，揭示二者交互作用对企业创新的影响机理与作用路径。然而，目前对系统、动态反映三者间作用机理的研究成果还很少见，这一前沿领域的研究命题，国内外尚处于探索阶段。在具体的研究过程中，当前研究迫切需要探索我国公司治理发展与企业创新活动的内在规律，结合宏观环境情景，揭示技术专家型董事创新驱动效应的作用机理与路径，从而促进企业创新发展。本书的研究成果对于优化我国自主创新道路下的董事会建设、推动创新驱动发展战略的进一步实现，具有重要的现实意义和学术价值。

1.3 研究思路、结构与方法

1.3.1 研究思路

1. 基于理论分析层面来阐释本书的研究思路

第一，基于组织控制理论框架，本书认为支持创新的公司治理架构必须满足“财务承诺、战略控制、组织整合”这三个条件，并以此为理论边界分析企业的创新活动，肯定了公司治理的价值创造观，同时认为创新效率能更好地代表企业的创新能力。第二，结合融资约束的相关理论，本书认为，满足“财务承诺”首先要克服融资约束带来的消极影响，在实证检验融资约束的确抑制了创新投入后，进一步通过“共性与特性”两个层面对融资约束的消极影响进行深入分析，一方面是创新投资对内部现金流的高度依赖，另一方面是创新活动的特性加剧管理层对研发费用的操控，通过以上两条途径来验证技术专家型董事能否缓解融资约束对企业带来的消极影响，从而保证企业研发投入。第三，结合企业能力理论，本书认为，创新投资需要资源的合理配置，并验证技术专家型董事能否通过提高企业的创新效率而提升企业绩效，探究了不同类型技术专家董事的创新驱动作用；在引入融资约束变量后，挖掘其对创新驱动作用的调节效应，以此验证技术专家型董事能否满足“战略控制”与“组织整合”的要求。

2. 基于实证研究层面来分析本书的研究思路

首先，本书验证了融资约束对创新效率的积极作用，并结合现实背景与理论分析，将该现象定义为我国创新领域中的“中国经济增长之谜”。其次，验证了融资约束对创新投入的消极影响，并采用FHP模型验证了技术专家型董事对融资约束的缓解作用。再次，结合我国企业的融资约束背景与创新活动特性，认为管理层极易在资源有限的情况下操控研发费用，而技术专家型董事通过发挥治理作用，能够较好地监督管理层对研发费用的操控，从而较好地抑制真实盈余管理行为。最后，通过“整体”与“部分”两个层次，验证了技术专家型董事的创新驱动作用，并发现融资约束背景能够激发技术专家型董事发挥主观能动作用，使其通过提高资源利用率等途径而最终提高创新效率。因此，本书肯定了技术专家型董事对融资约束的积极应对，从而保证了创新投入。同时还验证了技术专家型董事对创新效率与企业绩效的提升作用，以及在融资约束条件下，技术专家型董事增强了对创新效率的正向调节效应，以此揭示了在融资约束背景下，我国公司董事会治理机制如何为企业创新提供稳定的动力机制，这不仅为创新型企业理论在中国的发展提供了经验支持，也基于财务管理视角为构建具有后发优势的中国公司治理模式做出了一定的贡献。

本书主体部分由逻辑上相互衔接但又独立成篇的几部分构成，核心论证由三部分组成（见图1-1）。

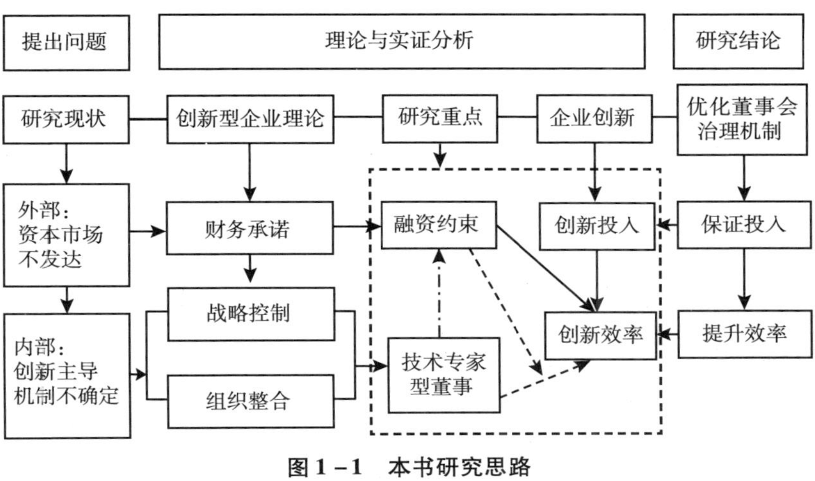

图1-1 本书研究思路

现对本书的研究思路解读如下：

第一，考虑到我国外部资本市场不发达，本书认为，融资约束作为连接内部治理与外部环境的逻辑纽带是不容忽视的。而且只有首先验证融资约束对创新效率的显著提升作用，才能够说明创新领域中“中国经济增长之谜”的现实存在，由此揭示基于从公司治理视角挖掘该谜底的必要性（如图中⟶所示）。

第二，融资约束与创新投入之间存在必然的联系。本书试图透过技术专家型董事这一视角来寻找“中国经济增长之谜”的答案，这就需要探索在融资约束下技术专家型董事能否发挥能动作用，即其是否能缓解融资约束对创新投入的消极影响，从而保证创新活动所必需的“财务承诺”（如图中-·→所示）。而融资约束对企业创新的影响不仅包括创新投资对内部现金流过度依赖的“共性”问题，也涵盖管理层操控研发费用的“特性”问题，因此本书对技术专家型董事应对融资约束的“共性”与“特性”问题都进行了探讨。

第三，企业创新效率不仅受外界环境因素影响，而且很大程度上取决于企业对创新投入的有效管理。当前我国企业内部创新的主导机制不确定，本书通过验证技术专家型董事对创新效率的影响，继而探讨融资约束下技术专家型董事对创新效率的影响变化（如图中---→所示），以此验证技术专家型董事是否符合组织控制理论中“战略控制”与“组织整合”的要求，能否对企业创新产生积极影响。

1.3.2 研究结构

本书共分为七章（详见图1-2）。

第1章，导论。本章介绍了本书的研究背景与意义，通过梳理与整合国内外相关文献，概括了本书的研究思路、研究结构、研究方法与创新之处。

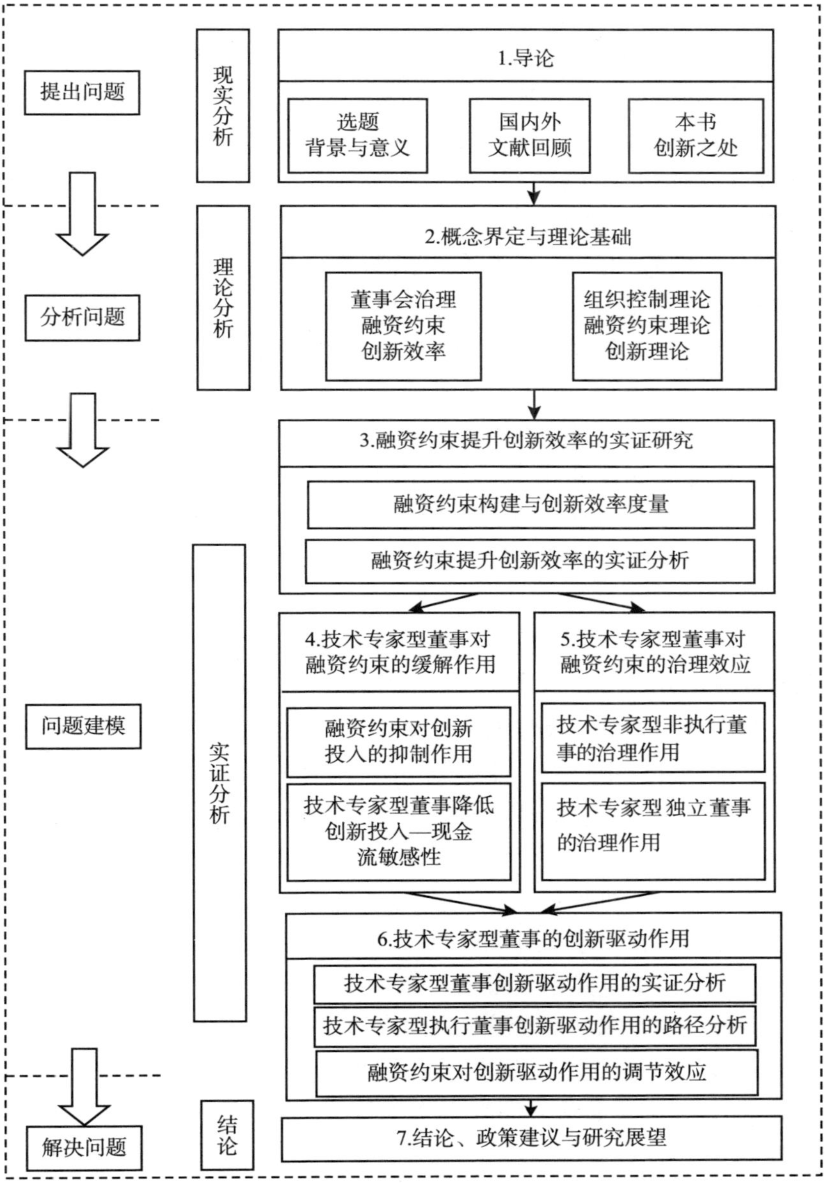
提出问题
现实分析
1.导论
选题背景与意义
国内外文献回顾
本书创新之处
理论分析
分析问题
2.概念界定与理论基础
董事会治理
融资约束
创新效率
组织控制理论
融资约束理论
创新理论
3.融资约束提升创新效率的实证研究
融资约束构建与创新效率度量
融资约束提升创新效率的实证分析
实证分析
问题建模
4.技术专家型董事对融资约束的缓解作用
融资约束对创新投入的抑制作用
技术专家型董事降低创新投入—现金流敏感性
5.技术专家型董事对融资约束的治理效应
技术专家型非执行董事的治理作用
技术专家型独立董事的治理作用
6.技术专家型董事的创新驱动作用
技术专家型董事创新驱动作用的实证分析
技术专家型执行董事创新驱动作用的路径分析
融资约束对创新驱动作用的调节效应
结论
解决问题
7.结论、政策建议与研究展望

图 1-2 本书技术路线

第2章，概念界定与理论基础。本章界定了基本概念，并通过梳理相关理论来构建本书的理论框架。组织控制理论认为，支持创新的公司治理架构必须满足“财务承诺、战略控制、组织整合”，本书以此为理论边界，基于技术专家型董事视角展开分析：结合融资约束以及相关理论，认为企业要满足“财务承诺”就必须克服融资约束的消极影响；结合企业能力理论，认为创新投资需要资源的合理配置，认为技术专家型董事能够满足“战略控制”与“组织整合”的要求，并对创新效率具有积极影响。本章从理论层面阐述了创新效率同时受到外部融资约束与内部董事会治理的影响。

第3章，融资约束提升创新效率的实证研究。本章构建了融资约束与创新效率之间的计量模型，验证了在不考虑董事会治理效应时，融资约束对创新效率具有显著提升作用，提供了“中国经济增长之谜”存在于企业创新领域的经验证据，也为后文基于技术专家型董事视角来分析该问题提供了事实依据。

第4章，技术专家型董事对融资约束的缓解效应。本章从融资约束的共性问题出发，验证了技术专家型董事对融资约束的缓解作用。我国现有文献在研究融资约束与创新效率的关系时忽略了内部治理机制的能动作用，为弥补以上不足，本书以FHP模型为基础来验证技术专家型董事能够降低创新—投资现金流敏感度。

第5章，技术专家型董事对融资约束的治理效应。考虑到研发活动的特性，本章基于可操控研发费用的视角探讨了技术专家型非执行董事、技术专家型独立董事对管理层的监督作用，即本书第4章、第5章分别从融资约束给企业创新投入带来的“共性”与“特性”两类问题出发，验证技术专家型董事对融资约束的缓解作用。

第6章，技术专家型董事的创新驱动作用。本章为更清晰地从技术专家型董事的视角来阐释融资约束对创新效率的积极作用，通过探究技术专家型董事对创新效率与企业绩效的积极影响，验证了其具有的创新驱动作用；并在此逻辑上，验证了技术专家型执行董事的作用路径；在引入融资约束情境后，考察了技术专家型董事与创新效率之间关系的变化，以进一步挖掘技术专家型董事的能动作用。

第7章，结论、政策建议与研究展望。本章通过归纳主要的研究结论，结合我国国情提出相关对策与研究展望，使本书兼具理论与实践意义。本书认为，技术专家型董事能够缓解融资约束，有能力也有意愿支配创新资源，满足了组织控制理论中“财务承诺、战略控制、组织整合”的要求。技术专家型董事的作用可分为以下三部分：（1）技术专家型董事对融资约束的积极应对（第4章、第5章）；（2）技术专家型董事能够显著提升创新效率与企业绩效（第6章）；（3）技术专家型董事在融资约束的条件下，能够增强其对创新效率的提升作用（第6章）。

1.3.3 研究方法

本书涉及财务管理、经济学、公司治理、技术创新、管理学等多个学科，是一次交叉研究的探索。本书涉及的主要研究方法如下：

一是文献研究法。根据国内外文献以及公司治理理论的演进，通过文献分析来掌握所要研究问题的发展脉络与趋势。从财务管理视角出发，对公司治理如何影响企业创新进行规范性的理论分析，并借鉴了经济学、金融学、管理学的相关理论与成果，首先考察了融资约束与创新效率的关系，继而引入董事会治理变量后考察三者之间的关系。

二是实证研究法。运用Stata、SPSS等统计软件进行大样本实证检验，并结合经济意义给出科学解释。在研究过程中也对技术专家型董事设置的内生性问题进行重点处理，比如引入IV变量，或采用Treatment Factor Model、PSM方法等进行处理；引入调节效应模型，检验技术专家型董事对融资约束的环境适应性，即融资约束能否提升技术专家型董事创新驱动效应；并且采用巴伦和肯尼（Baron and Kenny，1986）、温忠麟（2005）、谢弗（Shaver，2005）的逐步法（casual steps approach）验证技术专家型董事创新驱动效应的作用机理，即技术专家型董事能够积极应对融资约束的消极作用，从而提升创新绩效，进一步采用Sobel与Bootstrap方法对该作用路径再次进行检验。

三是探索性研究法。本书在其他学科发展的基础上，通过财务管理的视角对创新型公司治理框架进行解构，具有一定的探索性。在挖掘技术专家型董事“整体”的创新驱动作用的同时，结合我国制度背景与公司治理实际，将技术专家型董事进一步划分为技术专家型执行董事、技术专家型非执行董事与技术专家型独立董事，并探索不同类型技术专家型董事“部分”的治理效应以及创新驱动效应。

四是跨学科研究法。借鉴经济学、管理学、金融学与公司治理领域的研究成果，将相关理论进行整合分析。结合中国的制度环境，构建包含融资约束、技术专家型董事与企业创新三者间的逻辑分析框架与理论模型，采用分析式研究梳理相关理论、假说、观点并总结相关政策建议。

1.4　本书的创新之处

本书试图解决以下两个关键问题：第一，在融资约束背景下，董事会如何通过发挥治理作用来保证企业持续性的创新投入，以期保证企业创新的“财务承诺”。第二，通过引入技术专家型董事，考察其对融资约束与创新效率的作用机理，探究内部治理因素与外部金融环境的交互影响对企业创新的影响，以期解答“中国经济增长之谜”。

本书的创新之处主要表现在以下两个方面。

第一，研究视角的创新。基于公司治理视角对“中国经济增长之谜”进行解释：一方面，融资约束虽然对创新投入产生消极影响，但企业内部的董事会治理机制也会对此做出相应调整，通过设置技术专家型董事来积极应对融资约束，从而保证创新投入；另一方面，融资约束促使技术专家型董事发挥主观能动性，通过提升资源利用率等路径来提高创新效率。同时本书也将财务管理视角与公司治理视角相结合，为拉让尼克和奥沙利文（Lazonic and O’Sulivan，1996，1997b，1997c，1997d）创新型企业理论“财务承诺、战略控制与组织整合”的理论框架提供了经验支持。

第二，将外部环境与内部治理机制进行统筹考虑，以融资约束作为连接内部治理与外部环境的逻辑桥梁，在宏观经济背景下探讨董事治理作用的发挥。这不仅为研究中国特色自主创新道路下的董事会治理提供了重要视角，也通过结合宏观环境来深入研究微观企业的行为，为拓展会计学与公司财务的研究领域做出了积极尝试。

第2章 概念界定与理论基础

2.1 概念界定

2.1.1 技术专家型董事

随着董事会对企业战略的影响逐步增强，相关研究发现董事具有技术背景会对创新活动产生积极影响。罗伯茨（Roberts，2001）通过调查209家大型跨国企业，发现在日企中，有90%以上的首席技术官（CTO）跻身董事会；阿德勒和弗多斯（Adler and Ferdows，1990）认为企业设置该类董事的主要目的在于鼓励核心研发。以上研究反映出董事的技术专长与企业创新之间的天然联系。尽管技术专家型董事发挥的作用日渐凸显，但现阶段我国对董事的技术专业背景并无强制要求。

基于影响企业创新能力的视角，各位学者往往聚焦于研究对象的技术背景。阿德勒和弗多斯（Adler and Ferdows，1990）首次提出了技术专家型董事的概念，认为其是集管理、战略责任于一身的CTO，同时具有"技术商人"与"领导"的特质，姆迪科夫（Mdecof，2008）等也得出与之相似的结论；杜龙政（2010a，2010b，2014）等认为技术专家型董事凭借"技术"这一关键要素，使产业链董事会发挥"企业家"的创新职能。基于影响企业创新投入的视角，文芳（2008）发现高管的职业技术经验对企业的创新投资强度具有显著的积极影响。基于影响企业创新效率的视角，胡元木（2012）、韩忠雪（2014）分别验证了具有技术背景的独立董事、高管对创新效率的正向作用。此外，技术背景作为行业专长的一种具体表现形式，对企业绩效、信息释放皆有积极影响。通过对以上文献的归纳整理，发现学者对董事是否具有技术背景的评判标准，主要包括学历与职称两个方面。

随着研究的逐步深入，也有学者开始关注行业专家作用的发挥：魏刚（2007）明确提出了“专家假设”，将董事的教育背景以及其是否为学术机构的教授学者作为专家的评判标准；胡元木（2012，2016）对独立董事的技术特征进行了归纳，并从“拥有发明专利或者获得省级以上的发明奖励”这个角度扩展了技术专家的内涵；从行业专家的角度，张斌（2014）、赵子夜（2006，2007）明确界定了“拥有和公司所处行业相关的工作经历或者教育背景者”为行业专家。因此，之前学者对行业专家的判断标准，也主要基于董事是否具有与行业相关的工作经历以及教育背景这两个方面。

之前关于“技术背景”的文献虽然注重董事的个人经历，但忽略了其在行业层面发挥的作用：一方面，樊纲的市场化指数分别从“政府与市场关系”“非国有经济的发展”“产品市场的发育程度”“要素市场的发育程度”“市场中介组织发育和法律制度环境”五个方面来评价我国的市场化进程。其中构成“市场中介组织发育”指数的基础指标包括“行业协会对企业的帮助程度”，该得分在测算期间呈现逐步增加的趋势，也反映出行业协会对企业的帮助程度逐渐递增。另一方面，结合我国现行政策来分析，民政部（2015）发布了关于全国性行业协会与商会负责人任职的管理办法，[①] 其中明确规定了全国性行业协会与商会负责人应具备的基本任职条件，并从“坚持党的领导、遵纪守法、专业知识、年龄要求、身体要求、岗位要求”等方面做出了细致的规定。也就是说，如果简历披露的信息说明该董事在技术性较强的行业协会中担任负责人，则认为该董事不仅具有较强的专业素养，而且在业内也颇有声望。因此，本书认为应将相关行业技术协会的负责人纳入研究范畴。同时，有关“行业专家”的文献虽然更细致地关注与本行业有关的技术背景，但由于本书研究的主题包含企业创

① http：//www. mca. gov. cn/article/zwgk/mzyw/201509/20150900873626. shtml，民政部发布全国性行业协会与商会负责人任职管理办法，对主要负责人具备的专业背景进行了相应规定。因此，本书也将其纳入技术专长的范围。

新，仅仅关注本行业的技术背景则会缩小企业创新的研究范围，使之局限于行业内部的技术创新与技术改进；而相关行业甚至是不同行业的技术融合才更有利于开放式创新，而这也成为现阶段企业创新的重要模式。

综上所述，本书综合“技术背景”与“行业专家”的概念，将具有技术专长的董事定义为技术专家型董事。而判断技术专长的四个原则如下所示，董事满足以下任何一项便可判断为具有技术专长（如图 2 –1 所示）。

第一，学习经历，毕业于工程、制药等技术性较强的专业。

第二，工作经历，拥有在研发部门或关键技术岗位任职的经历，或担任行业技术协会的负责人。

第三，职称评定，具有技术类相关的职称，如教授级工程师、工程师、研究员等。

第四，拥有发明专利或者获得省级以上的发明奖励。

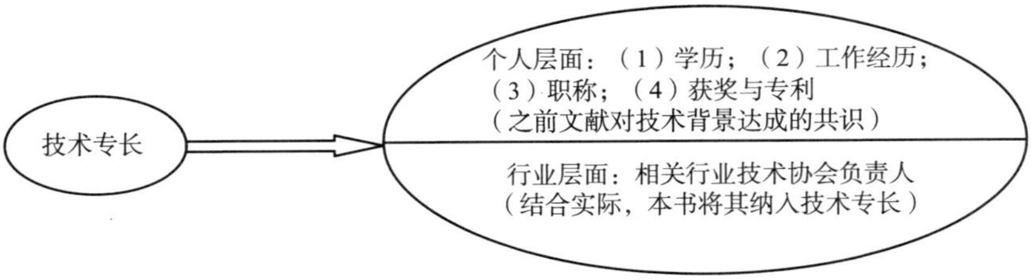

图 2 –1　对技术专长概念的解构

我们理应关注技术专家型董事作用的发挥（见图 2 –2）。从理论层面来分析，罗福凯（2014）认为，技术转化为现实生产力的首要问题是技术须进入企业财务系统，使技术变为经济组织的技术资本，管理创新必须与技术创新相匹配。那么结合公司治理角度来分析，就需要解决在技术资本理论框架下，董事会治理如何创新的问题。而之前研究往往聚焦于创新投入对企业创新的影响，忽略了技术专家型董事的能动作用，而凭借与行业紧密相关的知识、经验，技术专家型董事能够更直接地影响企业的创新活动：第一，以专业知识作为桥梁，指导创新项目决策与资本整合，实现与其他董事的“协同”效应；第二，“专家效应”与“声誉效应”能够更好地激励其发挥作用。而结合现实来分析，随着董事会战略职能逐渐增强，董事技术专长对企业决策的影响也逐渐增大：首先，董事会成员人数有限，公司聘请董事有特定的标准与目的，上市公司在聘请具有技术专长的董事会成员时，也会考虑到董事的专业能力与声誉；其次，相对于没有技术专长的董事，企业中的技术专家型董事能够发挥出“专家”技术指导与监督的作用。

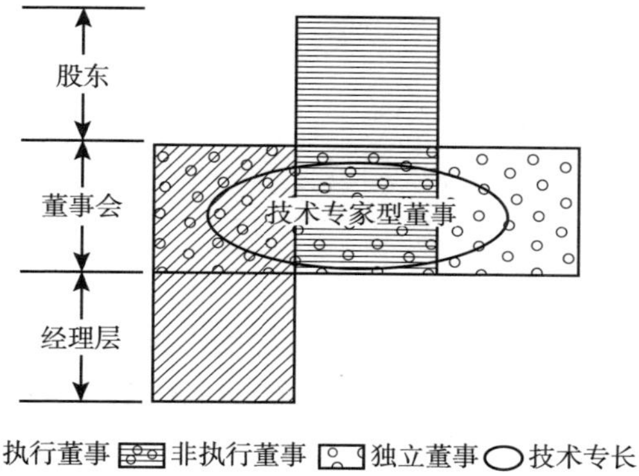

图 2－2　技术专家型董事的概念界定

与此同时，董事会构成也影响其发挥治理作用。由于英美国家的股权结构相对分散，因此作为外部董事的代表，独立董事比例成为衡量董事会治理的重要指标。而我国的独立董事不仅在与管理层较量中处于弱势地位，并且大都兼职，在一定程度上降低了治理作用的发挥。也就是说，我国集中的股权结构决定了董事会由以下三部分构成：执行董事，同时其也作为企业的经理层，结合治理与管理两部分（详见图 2－2 中经理层与董事会重叠的部分）；非执行董事是被大股东或其他具有影响力的中小股东直接委派，发挥额外的治理作用（详见图 2－2 中股东与董事会重叠的部分）；独立董事，由股东或者管理层从企业外选聘，理论上独立于大股东和管理者（详见图 2－2 中董事会除去执行董事与非执行董事的剩余部分）。具有技术专长的董事为技术专家型董事，不同类型技术专家型董事在信息持有量与独立性层面也存在着差异，其中，技术专家型执行董事独立性最低，但获得的内部信息最多；与技术专家型执行董事相比，技术专家型非执行董事的独立性与获得的内部信息皆次之；技术专家型独立董事的独立性虽然最高，然而获得的内部信息却最少（见图 2－3）。

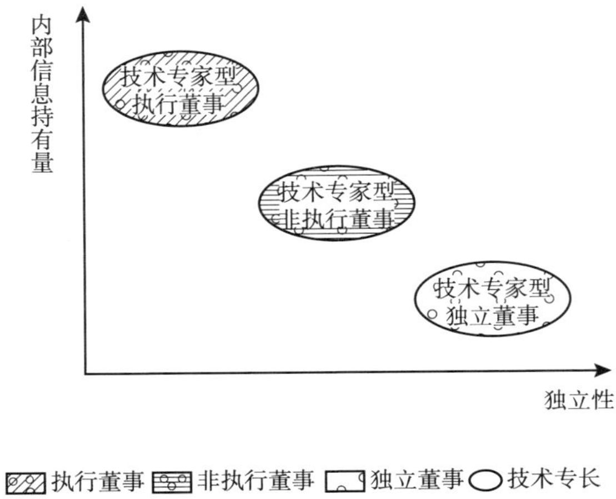

图 2－3　技术专家型董事构成与特征分析

2.1.2　融资约束

之前相关研究认为，融资约束理应分为广义与狭义两种类型。斯蒂格利茨和韦斯（Stiglitz and Weiss，1981）将广义上的融资约束定义为当企业存在内外部融资成本差异时，公司投资受到的约束，据此几乎所有企业都会受到融资约束的影响，该观点也得到了王竹泉等（2015）的认可。而狭义的融资约束是指，当投资需求仅仅靠内部资金不能得到满足而需要进行外部融资时，由于内外融资成本的差异过大而超出企业承受范围，最终影响企业投资的情况。虽然以上融资约束的类型不同，但可以肯定的是，以上约束皆会对企业投资产生不同程度的负面影响。又因本书主要研究的是有关信息不对称造成的融资约束（王竹泉、赵璨和王贞洁，2015），因此根据法扎里等（Fazzari et al.，1988）的研究逻辑，将通过企业创新投资与内部现金流的高度相关性来衡量企业受到的融资约束，这也是本书从投资共性的角度出发来定义的融资约束。

具体到本书的研究主题，即企业从事创新活动时，必须考虑到创新活动具有时间长、风险大、信息不对称高等特点，使创新企业面临更为严峻的融资约束，因此管理层也往往将资金流优先投入到“短平快”

的项目中，从而对创新投入带来消极影响。也就是说，由于企业内外部融资差异过大，管理层将有限的现金流优先投入到非创新的项目中，这对创新投入来说是一种特殊的融资约束。本书将管理层操控研发费用定义为考虑创新活动特性的融资约束，而针对该类特殊的融资约束，之前并没有学者进行深入的分析。因此，本书为更全面地反映我国企业创新活动所受到的融资约束，不仅从投资的共性角度进行检验，也进一步考虑了创新活动特性导致的融资约束，即管理层操控研发费用的问题。

2.1.3　创新效率

创新具有风险高、投资周期长、收益滞后、成果外溢等特点，而自主创新能力包括创新环境、创新投入和创新产出三部分，其中创新环境除了宏观层面国家对待创新活动的态度、政策等，从微观的企业视角来分析则更侧重管理层对企业创新项目的战略规划、经费投入与支持态度等；创新投入主要是指资源投入，包括人力、物力和财力；创新产出主要是指专利和市场占有率。而创新效率是研发活动投入与产出的比值，创新效率的高低代表了企业创新能力的强弱以及科技水平的高低。

通过对比研究创新效率与企业自主创新能力的相关文献，不难发现二者的主要考察形式均为投入与产出的比值：投入主要包括人员投入和物质投入，其中人员是指技术人员，物质主要指财、物等资源；产出主要以专利衡量，而我国的专利包括发明、实用新型和外观设计三种。因此，本书也主要从创新投入与产出两个方面来衡量创新效率，并以此反映企业的创新能力。

2.2　理论基础

2.2.1　组织控制理论

1. 治理理论经济学渊源与演进

20 世纪初新古典经济学成为主流经济学，该理论认为市场可以实现资源的最优配置，完全市场理论是经济效率产生的基础。以新古典经济学框架为基础的公司治理理论主要包括以下两种：单边治理理论（unilateral governance theory）与共同治理理论（stakeholder co-governance theory）。前者建立在“资本雇佣劳动”基础上，并强调股东投入承担风险因而理应实现股东利益最大化；后者在利益相关者理论（stakeholder theory）、人力资本（human capital）理论的影响下，认为企业本应进行追求协同效应（synergy）的团队生产，因为利益相关者（stakeholders）在相互缔结的契约网络中进行了资源投入、价值创造与风险承担，也理应享受权利分享。

此外，以如何看待组织作用为标准可将西方企业理论分为两类：一类是新古典理论以及该框架下的各种流派；另一类则是在当代西方学术界影响巨大的“动态企业能力”学派。前者试图将企业还原成个人关系，基于理性人假说来解释企业行为；后者则注重企业的组织性质，认为企业的组织形态、管理模式与制度构造才能够解释企业绩效与经济发展。此外，在对于成本结构的观点上，新古典经济学认为，企业成本结构是由市场力量所决定的外生变量，因此其对经济发展的作用便被局限为在给定市场价格、技术与预算约束下的一种最大化选择。而拉让尼克的创新型企业理论认为企业并非只是被动地对市场信号做出反应，还通过创新活动开发出更多的生产性资源，以此来塑造市场结构。因此，企业组织与市场结构之间也存在着一种互动关系。

新古典经济理论忽视了价值创造、组织本身的作用以及能动性，考虑到以上的固有缺陷并结合公司治理发展史的对比经验，拉让尼克和奥沙利文（Lazonic and O'Sulivan，1996，1997b，1997c，1997d）以创新经济学为基础，建立了以创新为逻辑起点的公司治理理论——创新型企业理论。其主题思想与熊彼特“创造性毁灭”的资本主义经济发展演进过程、潘罗思的企业成长源泉、钱德勒组织能力决定领导权的理论传统是一脉相承的，并与战略管理领域的能力学派理论逻辑相一致。

2. 传统治理理论的局限性

单边治理理论强调“股东至上”，而共同治理理论强调“利益相关”，以上理论虽然推动了当时的经济发展，但随着经济全球化等宏观经济变化，席卷全球的经济危机不仅暴露了股东利益至上的弱点，也使学者开始质疑“利益相关者”理论的可行性。虽然以上两个理论探讨的核心问题都是“剩余分配”，但其争议的本质仅在于不同利益集团对剩余分配的合理性产生分歧。显然剩余分配能够影响企业绩效，却不能因此忽视更重要的前提，也就是价值创造，因为价值创造不仅是剩余分配的基础，更是经济发展的核心力量。因此拉让尼克（Lazonick，1991）指出，市场经济理论的最大缺陷是无法解释经济发展的中心问题，即只关注于价值配置而忽略了价值创造，并不深究“用于分配的剩余是如何通过资源开发与利用而创造出的”。拉让尼克认为创新企业理论理应置于经济发展的中心，而经济发展理应置于经济学理论的中心，并应该按照该种模式重建经济学价值创造理论。奥沙利文（O'Sullivian，2007）也肯定了创新活动对动态经济绩效的核心作用，并尝试将创新经济学纳入分析框架来优化公司治理形式，使其更好地提升企业绩效。

3. 创新型企业理论的优越性与逻辑架构

以市场理论为基础的公司治理理论认为，资源配置（resource allocation）过程是个体的①、最优的②以及可逆的③。而奥沙利文（O'Sullivian，2000，2007）认为，在以上新古典经济学理论下资源配置与创新过程是相互冲突的，因此创新型企业理论的逻辑起点应是创新活动，并通过总结创新经济学的文献，将创新典型特征归结为具有累积性、集体性和不确定性，且针对以上特征提出的创新活动资源配置必须具有开发性、战略性以及组织性（见图2－4）。

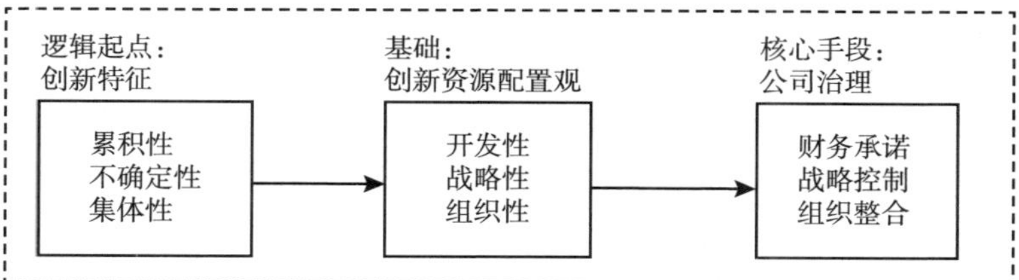

图2－4　组织控制理论的逻辑架构

---

① 个体性假设是指资源配置和收益的性质允许每个经济参与者以其认为的合适的方式开发与利用资源，这与经济中其他个体的决定与行动无关。

② 最优性假设是指资源过程是在一定市场与技术约束条件下的结果选择。

③ 可逆性假设是指现在的资源对未来资源配置不会产生影响。

因此，支持创新的公司治理架构应该具有“财务承诺、战略控制与组织整合”的特征：其一，将资源义无反顾地投入到回报不确定的投资中；其二，企业内部的战略控制权，应该在有意愿而且也有能力将资源配置到创新投资的内部人手中；其三，应该整合人力、资源到技术开发等组织过程中。在该公司治理架构下，企业不是通过市场控制而是通过组织控制，将资金与知识资源配置到创新活动中去，即由交换领域向生产领域转变，并深层次聚焦于技术创新活动，探究如何通过资源开发与利用来促进企业的价值创造。

综上所述，公司治理是保证企业创新效率的制度基础。一方面，良好的公司治理有利于建立长期有效的投入机制；另一方面，企业可以通过创新获得核心竞争力，从公司治理角度更好地保证股东利益，因而企业有必要构建支持创新的公司治理架构。而支持创新的公司治理架构必须有“财务承诺、战略控制与组织整合”的保证，才能够确保资源配置的组织控制，如果没有相应的制度支持组织对知识与资金的控制，则很难实现与保证企业创新。

2.2.2 公司治理整合理论

按照治理机制设计的次优理论（the theory of second-best），现代企业都会存在委托代理与信息不对称的问题，因而任何公司治理机制的经济效率都是次优的（sub-optimal）。郑志刚（2004a，2004b，2007）认为由于代理成本必然会造成效率损失，因此单一的公司治理机制难以使得经济效率达到最优，而不同公司治理机制相结合则能够提升企业的公司治理效率。郑志刚根据此逻辑提出公司治理整合理论，即需要使不同公司治理机制“相互补充、相互配合”，以期达到最优的治理效果而实现特定的公司治理目标，最终实现长期的内在调节与外在调节的统一。

外部控制系统的存在能够加强内部控制系统的监督功能，也就是说，公司治理机制能够有效约束企业家的道德风险行为。通过公司治理机制整合（integration of corporate governance mechanisms）的概念，探讨如何通过不同公司治理机制间的相互影响来实现最佳治理效果。郑志刚（2004，2007）在该理论框架下，将公司治理的内外部控制系统具体化为董事会治理与接管市场，探讨接管市场的存在对董事会治理作用的影响。

然而，资本市场发展不完善是我国企业现阶段必须适应的客观环境，虽然融资约束对企业的创新投入有消极影响，但在一定程度上也能激发董事会治理的能动作用，使企业在资源受限制的条件下提高配置效率。因此，本书将探讨在融资约束下，技术专家型董事如何通过发挥主观能动性，缓解融资约束给企业带来的消极影响。

2.2.3　融资约束的基础理论

1. 信息不对称理论与代理理论

信息不对称理论源于 20 世纪 70 年代，通过构建旧车市场上的“柠檬市场”模型，探讨了信息不对称所导致的逆向选择问题。由于现实世界中的资本市场并不完美，因此信息不对称是一种不可避免的客观存在。具体来说，由于不同人员掌握的信息量存在显著差异，即存在信息优势方与信息劣势方，信息不对称程度越高，获取信息的成本也就越高，由此便产生了逆向选择与道德风险。

然而现实中外部投资者与企业之间存在的信息不对称，往往是一种客观存在，当投资者无法对企业的情况做出明确判断时，便会采取提高贷款利率、低价购买股票等方式，避免因信息不对称而给自身带来风险，这也导致企业内、外部融资成本出现差异；而信息不对称程度越高，外部融资成本也就越高，当外部融资成本超出企业承受能力时，便使得企业丧失一部分投资机会，因此表现为企业投资较强地依赖于内部现金流，也就是展现出企业投资受融资约束影响的特征。

詹森和麦克林（Jensen and Meckling，1976）最早提出通过代理理论来解决两权分离带来的消极影响，即代理双方存在信息不对称与目标不一致时，需要建立监督激励机制来消除代理人的机会主义行为。代理问题主要存在于以下三个层面：第一是股东与管理层之间；第二是股东与债权人之间；第三是控股股东与中小股东之间。首先，对于股东与经理层之间的代理问题，经理层作为股东的代理人往往持有较少的股份，因此经理层的努力成果由股东与其共享，易导致经理层与股东双方因目标不一致而发生利益冲突。其次，股东与债权人之间的代理问题，往往由于双方对风险偏好的选择存在天然差异，前者偏好风险较大的项目，而后者天然选择收益不确定性小的项目，由此股东往往向债权人承诺投资低风险项目，然后将筹措资金投入高风险的项目，以此实现财富由债权人转向股东的“资产替代”，从而加剧代理问题。最后，控股股东与中小股东之间的利益也并不一致，尤其当控股股东试图获取私有收益时便会侵害到小股东的利益。

2. 企业创新面临更强融资约束的理论分析

创新活动本身的特殊性使得企业创新面临更为严重的融资约束，本书主要基于信息不对称更加严重、代理问题加剧、创新边际收益曲线复杂这三个层面，进一步展开分析。

（1）信息不对称更加严重。企业创新活动中存在着较为严重的信息不对称。首先，企业并不能通过向投资者提供标准化的信息来消除该问题，这是由于创新活动风险大、不确定性高等特性造成的。其次，创新过程并没有必然的规律可循，这也加大了向外界提供准确信息的难度。最后，往往出于保密性的目的，管理层不允许创新项目的具体细节被外界所知。以上原因都严重地阻碍了外部投资者与企业之间的信息交换与沟通联系，不仅加剧了信息不对称，也使得创新项目受到更为严重的融资约束。

（2）代理问题加剧。如前所述，代理问题主要存在于股东与管理层、股东与债权人、控股股东与中小股东之间。而结合创新活动的特性，本书也将从以上三个方面来分析代理问题的加剧将如何导致融资约束增强。

具体到企业创新投资这个层面，股东与经理层的代理问题主要表现为对待创新投资的态度与处理方式差异较大。出于对个人声誉、自身利益、职业规划等考虑，经理层尽可能减少投资回报期长却风险大的创新项目，同时创新的外部性也往往使原创者无法享受到全部好处，在一定程度上降低了经理层对创新活动的投资意愿，这也是本书在关注融资约束的共性问题后，进一步针对创新特性来分析管理层操控研发费用的重要原因。对于股东与债权人的代理问题，由于创新活动的风险较大，因此债权人会要求较高的收益率，但股东只会选择 NPV 为正且高于负债名义价值的项目；而债权人为避免股东或经理层进行资产替换，便会提高要求的必要报酬率，由此加剧了企业的融资约束。此外，基于创新产出的角度来分析，企业的创新活动往往形成较难估量且专用性较强的无形资产，可抵押的价值小，降低了债权人较为看重的资产保障程度，因此引发了更强的融资约束。

（3）创新边际收益曲线复杂。长期来看，相较于一般的投资项目而言，创新项目具有更高的收益曲线，但是创新活动特性使得收益曲线更加复杂，并呈现出由低到高的趋势。本书通过分析 Ari Hyytinen 扩展的不完美资本市场曲线，从理论层面来说明创新项目更易受融资约束的原因。图 2－5 的横轴代表着企业的创新投资，纵轴则代表投资的边际收益（MRR）与边际成本（MCC）。投资的边际成本增长率递增，同时也作为投资数量的增函数，具体表现为向右上方倾斜的凹曲线。受信贷配给政策与创新活动特性的影响，MCC（I）曲线更加陡峭且向左偏移，也就是说在相同的投资额下，创新项目承担的成本大且递增速度快。而 MRR 曲线则是递减并且向下的，MRR（I）呈现由低到高的趋势，并与一般项目的 MRR 相交于投资无差别点，当投资额超过无差别点时认为创新项目的收益明显，也可以看出创新的收益曲线位于上方。从图中可

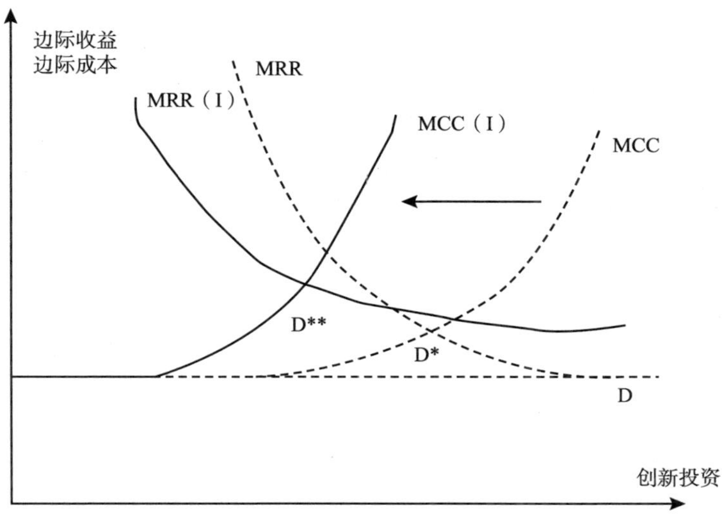

图 2－5　扩展的不完美资本市场曲线

以看出，MRR（I）与 MCC（I）相交处就是投资均衡点 D^{**}。由此得出无融资约束下的投资额 D > 一般项目的最优投资额 D^{*} > 创新项目的最优投资额 D^{**} 的结论，这也反映出创新投资项目的确遭受更大的融资约束。

2.2.4 创新理论

经济学家熊彼特（Schumpeter，1912）在《经济发展理论》中首先提出了“创新理论”（innovation theory），他认为创新是“企业家对生产要素所做的新组合”，具体包括下列情况：引入新技术，发现原材料的新来源，引入新产品，开辟新市场，以及实现工业企业的新组织。熊彼特的观点对于创新概念来说具有理论奠基的意义，而现阶段学术界对创新能力的定义尚未完全统一，并主要集中在“能力本身”“过程层面”“结果层面”三个方面。虽然学者们对创新定义的出发角度并不同，但往往都与“新思维”“新技术”相关，二者也都能为企业带来长久的经济利益。

除了对企业创新能力的定义呈现多样性外，学者们对创新能力的评价方法也不尽相同。为解决创新能力指标权重选择的主观性问题，研究者常用“BP 神经网络法”与“数据包络分析法”进行分析；为了解决指标本身可能具有的缺点，则采用“模糊加权评价法”进行分析。由于各种方法都有自己的适用范围与优缺点，考虑到研究的具体情况，也可以将几种方法结合，如采用“二次相对评价法”。通过上述分析可知，建立企业技术创新能力的评价体系，要依赖于对企业技术创新本质的理解。而目前的评价模型不够完善，对创新本质的理解也应寻求更大突破。从我国对企业创新能力的研究中可以看出，学术界对企业创新能力实质的认识具有一致性，分析方法考虑不同的侧重点也具有合理性。但考虑到本书的研究主体是企业，因此研究问题应当更加贴近企业现实，也更加注重数据的客观性与可得性。

此外，本书认为，针对投入产出较为复杂的创新活动，采用数据包络分析法来衡量创新效率更为恰当。首先，数据包络分析法采用规划模型来比较决策单元之间的相对效率，并且每个决策单元都有相同维度的输入与输出指标，通过综合分析输入、输出指标，将各个决策单元排序，最终确定有效的决策单元；其次，就该方法而言，指标权重根据决策单元实际数据而求出，具有更直观、更客观、更可比的特性，不仅使管理层能够科学地评价企业的创新能力，而且有利于制定高效的创新策略。

2.3　本章小结

本章通过界定本书的重要概念，并回顾该领域的相关理论，为后续研究做好了铺垫。在理论分析层面，本书回顾了企业的组织控制理论、公司治理整合理论、融资约束理论基础与创新理论，并且在研究主线下进行理论整合，继而根据研究思路搭建起理论框架，限定了本书的理论边界，如图2-6所示。

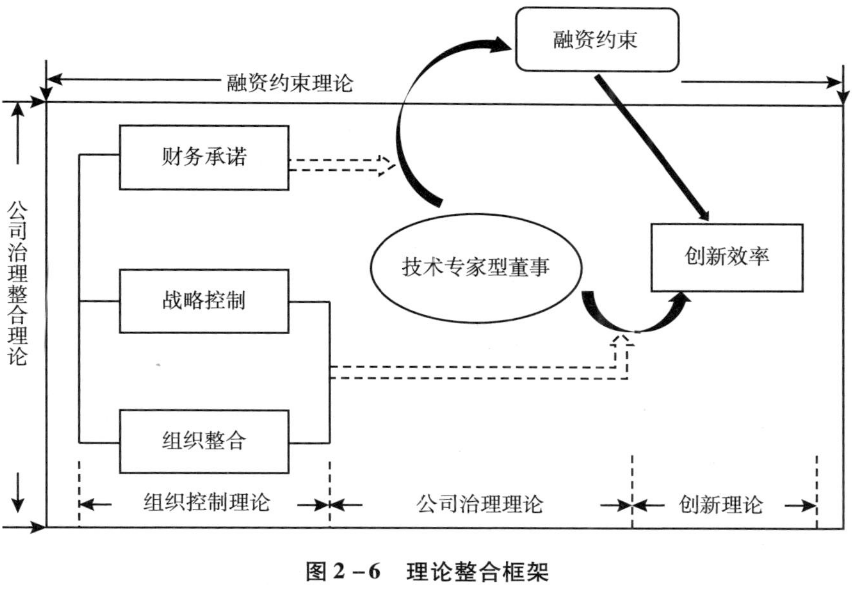

图2-6　理论整合框架

首先，组织控制理论奠定了本书总体的逻辑框架。其一，该理论克服了传统治理理论的局限性，在兼顾剩余分配合理性的同时，更加聚焦于企业的价值创造，关心“用于分配的剩余是如何通过资源开发与利用而创造得出”的问题。其二，通过将创新经济学纳入分析框架，建立并优化了以创新为导向的公司治理体制，认为与之相匹配的公司治理架构应该具有“财务承诺、战略控制与组织整合”的特征，也就是说，在该公司治理架构下进行创新活动的资源配置时，并非通过交换领域的市场控制，而是通过生产领域的组织控制来聚焦于企业的技术创新。

其次，通过对创新理论的分析，认识到企业创新效率与自主创新能力之间的紧密联系，继而对比分析创新效率的指标选择与求解方法，为后文关于创新效率的衡量以及与经济发展的关联研究提供了理论支撑。

最后，借鉴公司治理整合理论的逻辑，本书认为不同公司治理机制需要“相互补充、相互配合”，以此达到最优的治理效果。第一，结合融资约束理论与创新理论，将融资约束对创新效率的积极影响定义为我国创新活动中的“经济增长之谜”。第二，引入公司治理元素，基于技术专家型董事的视角来分析该问题：一方面，分析技术专家型董事对融资约束的积极应对；另一方面，考察技术专家型董事对创新效率的驱动作用，并分析技术专家型董事在融资约束下能否提升对创新效率的积极影响。也就是说，本书尝试从公司治理角度找出我国企业的创新驱动机制，解开创新领域中的“中国经济增长之谜”。

综上所述，本章首先界定了研究中的重要概念，通过对基础理论的必要整合，搭建出分析问题的理论框架。但是，我国创新活动中的“经济增长之谜”是否存在于现实中呢？本书将在下一章对该问题进行探索。

第3章　融资约束提升创新效率的实证研究

在知识经济时代背景下，科学技术水平与技术创新能力的高低成为衡量一个国家经济发展水平及经济增长潜力的重要标志，科技进步也成为世界经济发展的重要推动力量。如何更快更好地提升技术水平也成为当前迫在眉睫的问题之一。科技是现代经济增长的重要动力，而经济增长的重要内因则是技术创新。企业创新活动主要是指企业为开展制造新产品、提供新技术、提高现有产品质量与生产效率的新工艺所进行的研发活动。

近年来，尽管我国一直在增加科学研究方面的资源投入，但我国企业的自主创新能力仍没有得到很大改善，具体体现为我国企业并未掌握大量的知识产权及前沿的核心技术，我国距离创新型国家还有较长的路要走。需要特别指出的是，创新活动过程本身风险性较大，易受研发项目、高管态度以及技术人员能力的影响。与此同时，它还存在创新活动特有的风险，如技术风险和人员风险（任海云，2010）。此外，研发活动收益的不确定性、跨期性也加重了委托代理问题。因此，从逻辑链条来说，研发投入只是影响创新效率的重要因素绝非充分条件（胡元木，2012）。而创新效率的高低直接关系着我国企业自主创新能力的整体水平。如果创新效率较低，那么即使投入大量研发资金也只能起到事倍功半的作用。所以，如何科学地开展创新活动，合理、有效地利用创新资源，提高企业的创新效率，增强企业的市场竞争能力，是当前研究应该重点关注的问题。同时，创新效率对自主创新能力具有重要影响，尤其是在当前我国企业的创新投入飞速增长，但自主创新能力却未得到显著提升的现实情况下，考察创新效率的影响因素则具有较强的理论价值和现实意义。

学者从不同的角度探讨了“中国经济增长之谜”。鞠晓生(2013a，2013b)基于融资角度，认为我国企业在融资约束环境下仍旧能通过平滑营运资本来保持稳定的研发投入。本书认为创新活动需要结合新的生产要素与生产条件，并将该“新结合”引入生产体系，因此需要人、财、物等资源的保证，也就是需要稳定的资金支持。然而创新活动的高风险性决定了创新产出具有较高的不确定性，即创新投入是影响创新产出的重要因素而非充要条件。简言之，在创新领域中能够真正引领经济增长的是企业的创新成果，而绝非单纯的创新投入。因此，在一定的创新投入下如何使企业保证相应的创新产出是更值得关注的问题。

然而，企业创新面临着更加严重的融资约束（Hall，2002）。同时，在我国金融发展相对落后的现实情况下（Allen et al.，2012；Lo et al.，2011），“中国经济增长之谜”不应仅仅局限于融资约束是否提升了研发投入，而应该聚焦于其对创新效率的积极影响。因为创新效率相较于创新投入更能决定企业的生存与发展，也更加直接地影响宏观经济发展。之前较多文献对融资约束与研发投入之间的关系展开了讨论（唐清泉和徐欣，2010；刘春玉，2011；唐清泉和肖海莲，2012；卢馨等，2013；鞠晓生等，2013；刘胜强，2015），但并没有进一步探讨融资约束与创新效率之间的关系。而少量探讨融资约束与创新效率之间关系的文献（顾群和翟淑萍，2012），也并没有通过将宏观经济背景与微观企业行为相结合来阐释该问题。

本书之前已经从理论与现实两个层面分析了融资约束与创新效率之间的关系。因此，本章将从实证检验的层面，进一步探索融资约束是否能够影响创新效率，即通过上市公司的数据来验证我国创新领域中的“经济增长之谜”是否真实存在。

3.1 理论分析与研究假设

创新活动的特性往往使企业面临更高的融资约束：首先，创新活动具有较强的保密性，导致创新项目的相关信息透明度较低，投资者、债权人与企业间的信息不对称较为严重（Czarnitzki and Hottenrott，2011）；其次，创新活动不仅具有高风险性、高专业性，过程也具有高复杂性，而且产出结果的价值也具有高度不确定性；最后，因为产品的科技含量较高，更新换代速度较快，极有可能随着新技术的出现而造成产品贬值，严重影响其抵押价值（Holmstrom，1989）。上述原因使创新企业的外源融资成本大大提高，加剧了企业面临的融资约束（Carpenter and Petersen，2002）。如前所述，创新活动需要稳定、持续的投入，而融资约束却限制了企业对创新活动的资源投入，也就是说，严重的融资约束很可能会对创新效率带来消极影响。

与此同时，融资约束在减少企业资源投入时，也能够通过削弱代理问题、提升投资效率而起到一定的积极作用。现代企业普遍存在两权分离的问题，管理层的道德风险、逆向选择以及不完全契约等因素都会加深该问题。由于管理者与股东利益并不完全一致，因此管理者在进行投资决策时往往会根据自身利益进行项目选择，有可能是过度投资行为，也可能是NPV小于0的项目，最终造成无效率的投资（Jensen and Meckling，1976）。然而融资约束的存在一定程度上减少了管理层能够自由操纵的自由现金流，从而制约了其无效投资行为。即当资金不足时，管理层在做出投资决策时会更加谨慎，不仅会主动放弃收益较低的投资项目（Denis et al.，1993），也会选择具有更高价值的投资机会，从而提高投资效率（Hovakimian，2011），以减少非效率投资的行为（Grossman and Hart，1986）。也就是说，融资约束能够降低企业的代理成本（顾群和翟淑萍，2012），使企业将有限的资金投资于更优的创新项目，从而提升企业的创新效率。同时，创新理论认为融资约束能够积极影响企业的创新绩效，因为人脑在资源受限时会更具有创造力，研究也更具有针对性，此时推出的新产品相对而言也更容易成功（Baker and Nelson，2005）。根据以上分析，本章提出以下竞争性假设：

H1：企业面临的融资约束上升，能够阻碍创新效率的提高。

H2：企业面临的融资约束上升，能够促进创新效率的提高。

3.2 研究设计

3.2.1 构建融资约束指数

1. 构建融资约束指数——KZ 指数

学者普遍认为，企业所面临的融资约束较难被直接观测。因此，构造出一套能够较好衡量企业融资约束水平的度量指标，就成为实证研究融资约束时的重要问题。虽然学术界对于融资约束的度量仍存在争议，但结合我国现金股利发放率较低、制造业比重较高的现状，KZ 指数是目前国内研究中使用较为普遍的指标。李君平、徐龙炳（2015a，2015b），卢馨等（2013），顾群、翟淑萍（2012）等均采用 KZ 指数来衡量融资约束。卡普兰和津加莱斯（Kaplan and Zingales，1997）使用 Ordered Logit 模型，对企业经营现金流、现金持有水平、资产负债率、股利与托宾 Q 值进行回归，然后通过回归系数来计算 KZ 指数，KZ 指数越高则代表企业的融资约束水平越高。

本章借鉴卡普兰和津加莱斯（Kaplan and Zingales，1997）构建 KZ 指数的思路，以此为基础构建本章样本的融资约束指数。而我国上市公司与国外上市公司在融资约束中存在着诸多不容忽视的差异，因此本章在构建融资约束指数时采用 Fisher 判别函数。

（1）样本预分组。采用 Fisher 判别函数来构建融资约束指数，首先要对样本进行预分组处理，借鉴顾群、翟淑萍（2012）的研究方法，本书认为利息保障倍数不仅能够反映企业对债务利息偿还的保障程度，也反映了企业的盈利状况，即能够较好地反映企业受融资约束的状况。因此，本章将样本预分组的指标定为利息保障倍数，按照利息保障倍数从大到小的标准对样本进行排序，并将观察值中的前 1/3 作为低融资约束组，而后 1/3 作为高融资约束组。

（2）构建融资约束指数的指标。结合我国证券市场上股权融资政策约束的现状，以及学者顾群等（2012）、卢馨等（2013）的相关研究。首先，净资产收益率（ROE）作为我国证监会对上市公司考核的重要指标，不仅能够反映上市公司自有资本的运用效率，而且较好地反映了上市公司在股票市场上融资难易程度；其次，克利里（Cleary，1999）认为财务冗余（SLACK）能够体现出企业财务灵活程度，即企业财务冗余较大时，代表着企业能以较低风险来满足自身对资金的需求，从而放松企业的融资约束；再次，卡塞亚（Kasseeah，2008）的研究认为，企业负债水平也能够影响企业受融资约束的程度，而负债水平理应包括长期资产负债率（LEV）与短期流动比率（LDB）两个维度；最后，顾群和翟淑萍（2012）认为，销售净现率（QUA）通过反映当期主营业务资金的回笼情况，体现出企业的真实盈利质量，即盈利越高则受到的融资约束越低。

因此，本章选取净资产收益率（ROE）、财务冗余（SLACK）、资产负债率（LEV）、流动比率（LDB）、销售净现率（QUA）这些具体指标，来识别我国上市公司融资约束状态，以上各个指标的具体说明如表 3 - 1 所示。

表 3 - 1　　融资约束构建指标的定义说明

指标名称	指标代码	指标取值方法与说明
净资产收益率	ROE	净利润/股东权益平均余额
财务冗余	SLACK	（货币资金 + 交易性金融资产 + 0.5 × 存货 + 0.7 × 应收账款 - 短期借款）/总资产
资产负债率	LEV	负债总额/资产总额
流动比率	LDB	流动资产/流动负债
销售净现率	QUA	经营活动现金流量净额/营业收入

借鉴周红根等（2015）的做法，本章对以上五个指标进行了高融资约束组、低融资约束组之间的均值差异 T 检验。从表 3 - 2 可以看出，均值在高、低融资约束组间的均值差异均显著，因此能够说明以上五个指标较好地区分了我国上市公司在不同组别的融资约束情况。

表 3-2　　分组指标均值的 T 检验

变量	ROE		SLACK		LEV		LDB		QUA	
组别	低约束	高约束	低约束	高约束	低约束	高约束	低约束	高约束	低约束	高约束
观察值	1110	1110	1110	1110	1110	1110	1110	1110	1110	1110
均值	0.140	0.091	0.308	0.452	0.374	0.262	2.546	5.591	0.070	0.091
显著性	0.000		0.000		0.000		0.000		0.001	

（3）构建 KZ 指数。通过 Fisher 判别函数能够得到判别正确率，继而通过非标准化的判别函数系数构建融资约束指数。值得注意的是，直接利用 Fisher 判别函数得到的融资约束指数是一个反向指标，即该判别函数值越大，表明企业融资约束越低。因此，为了方便开展分析，本章借鉴前人的处理方法，对初始判别函数系数的符号进行反向处理，最终计算得到融资约束指数（FCI）。

2. 构建 SA 指数

虽然 KZ 指数在国内运用较为普遍，但 KZ 指数包含了企业中较多的内生变量。为避免由于指标选择的内生性较强而导致研究结论产生偏差，本章还借鉴哈德洛克和皮尔斯（Hadlock and Pierce，2010）的 SA 指数，并通过使用企业规模（SIZE）与企业年龄（AGE）两个外生变量来构建。值得注意的是，哈德洛克和皮尔斯（Hadlock and Pierce，2010）在计算 SA 指数前，首先按照公开的财务资料，将受不同融资约束程度影响的样本定性地划分为五级，并进一步使用 Ordered Probit 模型来估计 SA 指数的计算公式：$-0.737\times SIZE+0.043\times SIZE^2-0.04\times AGE$，然后将该结果推广到更大的样本中进行检验。本书与其他后续研究一致，直接采用此公式进行 SA 指数的计算。其中，SIZE 为企业规模，用总资产的自然对数值来表示；AGE 为企业的上市年限。卢太平和张东旭（2014）认为当 SA 小于 0 时，该指数的绝对值越大则表明企业面临的融资约束越小。

3.2.2 创新效率的度量

1. 创新效率的评价方法

目前，创新效率评估主要分为参数化分析与非参数化分析两种方式。前者以SFA方法（随机前沿分析）为代表，后者则是以DEA方法（数据包络分析）为代表。DEA方法是用数学规划方法来评价输入与输出DMU（决策单元）间的相对有效性。与SFA方法相比，DEA方法具有以下优势：无须预设生产函数及参数；能够进行多投入多产出的效率度量。而企业创新活动不仅难以确定其符合的生产函数，而且投入、产出的行为较为复杂。因此，本章运用DEA方法来评价创新效率，并采用非阿基米德无穷小的C^2R模型，详见模型（3－1）。

$$\min\left[\theta - \varepsilon\left(\sum_{i=1}^{m} S_i^- + \sum_{t=1}^{k} S_t^+\right)\right]$$

$$\text{s.t.}\begin{cases}\sum_{j=1}^{n} \lambda_j x_{ij} + S_i^- = \theta x_{ij0},\ i=1,\ 2,\ \cdots,\ m \\ \sum_{j=1}^{n} \lambda_j y_{tj} - S_t^+ = y_{tj0},\ t=1,\ 2,\ \cdots,\ k \\ S_i^- \geqslant 0,\ S_t^+ \geqslant 0,\ \lambda_j \geqslant 0\end{cases} \tag{3-1}$$

在模型（3－1）中，ε为非阿基米德无穷小量，x_{ij0}和y_{ij0}分别为企业（即决策单元）的第i种输入指标与第t种输出指标，S_i^-和S_t^+为松弛变量。而该线性规划的最优解为λ^*、S_i^-、S_t^+、θ^*，其中$\theta^* \leqslant 1$说明企业的投入产出效率越高。因此，本书采用$RDEF=\theta^*$来衡量企业的创新效率，RDEF值越高则表明企业的创新效率越高。

2. 创新效率评价指标构建

创新效率是研发活动投入和产出的比值，创新效率的高低代表了研发部门研发能力的强弱及科技水平的高低。其中研发投入主要包括人员投入和物质投入，研发产出主要包括人员产出和专利数。通过对比创新效率和自主创新能力不难发现，无论是创新效率，还是自主创新能力，它们的主要考察形式均为投入与产出的比值，且投入主要包括人员投入和物质投入，其中人员是指技术人员，物质主要指资金，产出主要以专利衡量，其中专利包括发明专利、实用新型专利和外观设计专利三种。因此，创新效率可以作为衡量企业自主创新能力的指标。

随着上市公司信息披露质量的提高，研发投入的指标也更易获得，并且准确性与可利用性明显提高。因此，本书选择研发投入作为创新效率的投入指标。而对于创新效率的产出指标，格雷切斯（Griliches，1990）与克罗斯比（Crosby，2000）认为相对于专利授予量而言，专利申请量可以更好地反映创新产出的真实水平：一方面，专利往往在申请的过程中就已经对企业的创新活动或者绩效产生影响，因而专利申请量具有较强的时效性；另一方面，专利授权量可能会由于未及时缴纳年费而减少，而披露的专利申请量则不存在这一情况，因而具有较强的稳定性。克罗斯比（Crosby，2000）、恩斯特（Ernst，2001）等也认为专利的申请量比专利的授权量更能代表企业的技术创新能力。

我国《专利法》规定，专利包括发明专利、实用新型专利、外观设计专利这三种类型。[①] 周煊（2012）认为，发明专利用来表示企业技术创新的研发属性，往往代表企业的关键技术成果，因此科技含量最高；外观专利则体现了技术创新的市场属性，是针对市场竞争而产生的；实用新型设计的研发属性与市场导向性介于以上二者之间。但是技术创新强调研究成果的市场化应用带来的经济效益，本书认为三种专利申请数量之和能够在一定程度上衡量企业技术创新的水平。而这一测量方法也得到了该领域学者的广泛认可，我国学者郭国庆、吴剑锋（2007），吴冰、王重鸣（2009）等均采用这一方法测量创新产出。因此，本章创新产出沿用阿胡贾和卡迪拉（Ahuja and Katila，2001）的测量方法，以企业申请的新专利数量作为创新产出的近似

① 我国《专利法》第二条第一款、第二款、第三款分别对三种专利类型做了明确定义："发明"是指对产品、方法或者其改进所提出的新的技术方案；"实用新型"是指对产品的形状、构造或者其结合所提出的适用于实用的新的技术方案；"外观设计"是指对产品的形状、图案或其结合以及色彩与形状、图案的结合所做出的富有美感并适于工业应用的新设计。

值，即该指标从数量维度来衡量创新产出，由此计算得出 $RDEF_A$。由于发明专利往往直接用于企业的技术创新与发明活动，科技含量最高，因此具有较高的研发属性，即该指标从质量的角度来衡量创新产出，因此本章也采用发明专利的数量作为创新产出的近似值，由此计算得出 $RDEF_Q$。

值得注意的是，研发投入对创新活动的影响具有一定的时滞效应，而现有文献对研究投入与专利产出间的时滞时间影响结论不一。卢馨（2013）研究发现，在检验研发支出与专利产出的时间滞后性时，当以研发强度指标来代替研发支出时，滞后一年系数显著，滞后两年系数不显著；以研发支出绝对数进行检验时，滞后两年相比于滞后一年的系数显著性下降，但系数为递增趋势。由此认为研发资金与专利申请滞后期较短，该结论与逄淑媛与陈德智（2009）、梁莱歆与马如飞（2009）的研究结果也具有一致性。因此，考虑到我国技术创新活动现阶段的特征，即创新活动以技术模仿为主且专利产出滞后性不强，因此本章选择了滞后一年的产出变量。本章研发投入指标选择2007~2014年的数据，而专利数量与发明专利数量则选择2008~2015年的数据，通过对研发投入与产出变量进行无量纲化处理，然后将处理后的指标代入 C^2R 模型，运用DEAP 2.1求解效率值。

3.2.3　样本选择与数据来源

本章采用2007~2014年连续披露研发费用的A股上市公司年度数据：(1）结合本书的研究主题，发现金融保险类企业与一般企业相比，在盈利模式与资本结构上存在较为明显的差异，因此剔除金融保险类上市公司；(2）为避免退市，ST、PT等上市公司更有可能进行财务操控，为避免该影响导致有偏的研究结论，剔除ST、PT类上市公司；(3）剔除研究中变量缺失的样本。由此，得到本章的最终研究样本为3365家。同时，为避免研究结论受极端值与异常值的影响，本章对连续变量在1%水平上进行了Winsorize缩尾处理，其他的研究数据均来自CSMAR数据库。

此外，本书对样本的选择依据与分布进行了进一步细致的说明。第一，样本选择的时间区间。由于我国2007年开始实行新会计准则，所以本书选择2007年之后的样本：一方面，上市公司的财务数据的计量原则是一致的，更具有可比性；另一方面，我国对研发费用披露的要求提高，上市公司面临的制度环境是一致的。第二，考虑到创新活动的持续性与我国研发费用披露不完善的现实特点，因此本书选择连续披露研发费用的企业作为初始样本。第三，样本的行业分布，制造业与信息技术行业在初始样本中的比重高达90%，而之前的相关研究也反映了同样的现实状况。

3.2.4 模型设定与变量定义

模型设定以创新效率（RDEF）为因变量，而将融资约束指数（FCI）作为自变量，以此建立多元线性回归模型，详见模型（3－2）：

$$RDEF = \beta_0 + \beta_1 \times FCI + \sum_j \beta_j \times CON_j + \varepsilon \qquad (3-2)$$

本章通过模型（3－2）来检验融资约束（FCI）与创新效率（RDEF）是否具有显著的正向相关关系。其中，CON_j是控制变量，鉴于之前的研究文献，本章在实证研究中控制了其他可能影响融资约束（FCI）与创新效率（RDEF）之间关系的因素。本章主要选择企业规模（SIZE）、股权集中度（H5）、市场竞争程度（CR）、市场化指数（MARKET）。同时，本章对行业与年度的虚拟变量也进行控制，具体变量定义与测量如表3－3所示。

表3－3　变量定义说明

变量类型	变量符号	变量定义与测量
因变量 RDEF	$RDEF_A$	创新效率（数量维度）。根据DEA测算。投入量为ln（研发费用），产出量为ln（三类专利申请总数）
	$RDEF_Q$	创新效率（质量维度）。根据DEA测算。投入量为ln（研发费用），产出量为ln（发明专利申请数）
自变量 FCI	KZ	KZ指数，测算详见实证分析
	SA	SA指数，测算详见实证分析

续表

变量类型	变量符号	变量定义与测量
控制变量	SIZE	公司规模，以 ln（企业资产）表示
	H5	前 5 名股东的持股比例平方和
	CR	市场份额作为市场竞争程度的替代指标，以当年的主营业务收入除以行业内所有上市公司的主营业务收入的总和
	MARKET	因樊纲等（2011）的数据截止到 2009 年，本书借鉴杨兴全（2014）的处理方法，推算 2010 年的指数等于 2009 年的指数加上 2007 年、2008 年、2009 年这三年相对于前一年指数增加值的平均数，以此类推
	Ind	按照中国证监会的行业分类，其中制造业细分到二级代码。如果企业属于该行业则为 1，否则为 0
	Year	如果企业属于该年份为 1，否则为 0

3.3 实证结果

3.3.1 融资约束指数

1. KZ 指数

本章利用利息保障倍数对样本进行从大到小排序，据此划分低融资约束组与高融资约束组，检验发现模型判别效果较为理想，判别正确率为 73.6%，详见表 3－4。

表 3－4　　Fisher 判别函数的结果验证

项目	融资约束	预测组成员		合计
		低组	高组	
初始数	低组	819	291	1110
	高组	295	815	1110

续表

项目	融资约束	预测组成员		合计
		低组	高组	
判别率（%）	低组	73.8	26.2	100
	高组	26.6	73.4	100

表3－5给出了非标准化的判别函数系数。值得注意的是，本书通过净资产收益率（ROE）、财务冗余（SLACK）、资产负债率（LEV）、流动比率（LDB）、销售净现率（QUA）等财务指标构建出非标准化的Fisher判别函数，而由其系数所构造出的融资约束指数（FCI）是反向指标，即判别函数值越大代表着上市公司受到的融资约束程度越低（卢馨等，2013）。因此，本章对判别函数的所有系数的符号进行了反向处理，详见表3－5。

表3－5　非标准化的判别函数系数

项目	函数
	1
常数项	0.328
净资产收益率（ROE）	5.070
财务冗余（SLACK）	－3.990
资产负债率（LEV）	2.146
流动比率（LDB）	－0.005
销售净现率（QUA）	－0.731

根据表3－5，通过对相应财务指标的系数符号进行相反数处理，以此得到融资约束指数KZ，如模型（3－3）所示。为进一步探究融资约束指数（FCI）对创新效率（RDEF）的影响，本章采用多元判别分析法构造出反映上市公司融资约束程度的综合指数（KZ），并进一步使用模型（3－2）进行后续的实证分析。

$$KZ = -0.328 - 5.070ROE + 3.990SLACK - 2.146LEV + 0.005LDB + 0.731QUA \tag{3-3}$$

2. SA 指数

正如上文分析，一方面，为避免由于融资约束指数的选择不同而影响融资约束与创新效率间的实证结果（鞠晓生等，2013），另一方面，仅依赖内生性较强的财务指标而不是与融资约束产生直接关联，易使研究结果出现偏差（卢太平等，2014），因此，为弥补以上不足，本章通过使用企业规模（SIZE）与企业年龄（AGE）计算 SA 指数，对融资约束指数（FCI）进行补充。即本章选择 KZ 与 SA 两种融资约束度量方式作为融资约束指数（FCI）的替代指标，使得实证结果更加稳健。

本章借鉴哈德洛克和皮尔斯（Hadlock and Pierce，2010）的研究，通过对 SIZE 与 AGE 由小到大进行排序，对 SA 指数的均值进行进一步分析。即按照 SIZE、AGE 的排序将 3365 个样本均分为 5 等份，其中 Q1 代表规模最小或者上市时间最短的企业，Q5 则代表规模最大或者上市时间最长的企业，SA 均值分布如表 3 – 6 所示。哈德洛克和皮尔斯（Hadlock and Pierce，2010）认为随着企业上市时间的延长、规模的扩大，融资约束会逐渐降低。从表 3 – 6 中可以看出，随着企业规模与上市时间的递增，SA 均值逐渐递减。由于我国上市公司的 SA 均值皆小于 0，也就是说绝对值越大其融资约束越小，这与卢太平等（2014）的研究结论也是一致的。

表 3 – 6　　SA 均值分布

变量名称	SA 均值	变量名称	SA 均值
SIZE：Q1	–3. 169	AGE：Q1	–3. 120
SIZE：Q2	–3. 295	AGE：Q2	–3. 224
SIZE：Q3	–3. 395	AGE：Q3	–3. 314
SIZE：Q4	–3. 514	AGE：Q4	–3. 478
SIZE：Q5	–3. 506	AGE：Q5	–3. 474

3. 3. 2　变量的描述性统计

本章对被解释变量、解释变量与控制变量的样本数据进行了描述性统计，统计结果见表 3 – 7。统计结果显示，虽然 $RDEF_A$、$RDEF_Q$ 基于产出成果的数量维度与质量维度代表着测量创新效率的两个维度，但我们可以看出二者最大值与最小值之间的差异不大，最小值皆为0，最大值分别为0.860与0.791，并且两者的平均数分别为0.318与0.223。这不仅反映出我国现阶段创新效率不高的现实，也能够说明在当前情况下，$RDEF_A$、$RDEF_Q$皆可以较好地作为我国创新效率的替代指标。

表3-7　　主要变量的描述性统计

变量名称	最小值	最大值	中位数	平均数	标准差
$RDEF_A$	0	0.860	0.331	0.318	0.233
$RDEF_Q$	0	0.791	0.200	0.223	0.203
KZ	-3.002	2.390	-0.478	-0.385	1.177
SA	-3.981	-2.897	-3.330	-3.376	0.237
SIZE	19.702	25.156	21.472	21.634	1.067
H5	0.014	0.550	0.161	0.182	0.116
CR	0.001	1.000	0.020	0.102	0.204
MARKET	5.230	15.241	10.313	10.239	2.349

此外，我们还可以看出融资约束的两种衡量指标KZ与SA指数存在较大差异，其中KZ指数最小值为-3.002，最大值为2.390，中位数为-0.478，平均数为-0.385；SA指数最小值为-3.981，最大值为-2.897，平均数为-3.376。与之前研究比较发现，SA指数中位数为-3.330，远远大于卢太平等（2014）以2004～2012年全部中小板上市公司为样本计算得出的SA指数的中位数-13.9626。然而，本书的计算结果与鞠晓生等（2013）按照1998～2008年的非上市公司为样本计算的SA指数的中位数-3.398更为近似，这也能够说明从事研发活动的上市公司面临着更为严重的融资约束，同时反映出采用两种不同方式来构建融资约束指数的必要性。

同时，本章对控制变量也做了描述性统计。结果发现样本企业中规模（SIZE）最小值为19.702，最大值为25.156，并且中位数与平均数相差不大，分别为21.472与21.634；股权集中度（H5）最小值为0.014，最大值为0.550，二者差异较大；同时，市场竞争程度（CR）

通过企业所占的市场份额来衡量，最小值为0.001，最大值为1.000，二者差别较大，但是中位数与平均数分别为0.020与0.102，说明如果上市公司重视创新活动，往往其面临的市场竞争也更为激烈；最后，市场化指数（MARKET）的最小值与最大值分别为5.230与15.241，而中位数与平均数分别为10.313与10.239，并且标准差高达2.349，该指标代表了不同上市公司所在地的市场化进程，这说明样本企业中大多集中在市场化程度较高的地区。

表3-8则进一步反映了不同变量间的相关关系。$RDEF_A$、$RDEF_Q$二者间的相关系数高达0.832，且在1%的水平上显著，说明了二者皆能有效反映我国创新效率的真实水平。而SA指数与KZ指数也具有较强的相关性，相关系数为0.339且在1%的水平上显著。同时，KZ指数、SA指数与$RDEF_A$的相关系数分别为0.052、0.075，且皆在1%水平上显著，而其与$RDEF_Q$则相关性并不明显。

统计结果还发现，企业规模（SIZE）与$RDEF_A$、$RDEF_Q$皆具有正相关关系，且在1%水平上显著；与融资约束指数（KZ指数与SA指数）皆为负相关，也就是说企业规模越大，融资约束程度越小，这与哈德洛克和皮尔斯（Hadlock and Pierce，2010）的研究发现也具有一致性。股权集中度（H5）与SA指数、SIZE皆具有较强的正相关关系。市场竞争程度由市场占有率（CR）所替代，市场占有率（CR）与$RDEF_A$、$RDEF_Q$具有较强的负相关关系，相关系数分别为-0.095与-0.085，且皆在1%的水平上显著。这初步说明了企业面临的市场竞争程度越小，企业具有的市场占有率（CR）越大，因此企业创新的动机也就越小，由此导致企业创新效率较低，但面临的融资约束程度（KZ指数与SA指数）也相对较小。研究结论也发现企业的规模（SIZE）与股权集中度（H5）为显著正相关的关系；市场化指数（MARKET）代表了企业所在地的市场化程度，实证结果也说明市场化程度越高，则创新效率（$RDEF_A$、$RDEF_Q$）也就越高，同时也发现其与融资约束程度（KZ指数与SA指数）也具有正向相关关系。这初步反映出“中国经济增长之谜”现实问题的存在。虽然上市公司位于市场化程度较高的地区，但其（尤其是重视创新的企业）在受到较强融资约束的同时，却仍旧保持了较高的创新效率。这也从侧面说明了本书的现实意义，即单纯从市场化进程等金融发展的视角，较难把握融资约束

（KZ 指数与 SA 指数）与创新效率之间的正相关关系。这也为后文基于公司治理视角展开研究提供了初步的数据支持。

表 3-8　　变量间的相关系数检验

变量名称	$RDEF_A$	$RDEF_Q$	KZ	SA	SIZE	H5	CR	MARKET
$RDEF_A$	1							
$RDEF_Q$	0.832***	1						
KZ	0.052***	0.005	1					
SA	0.075***	0.005	0.339***	1				
SIZE	0.124***	0.196***	-0.373***	-0.433***	1			
H5	-0.007	-0.025	0.011	0.161***	0.202***	1		
CR	-0.095***	-0.085***	-0.162***	-0.031*	0.345***	0.189***	1	
MARKET	0.053***	0.076***	0.103***	0.091***	-0.091***	-0.041**	-0.143***	1

注：* $p<0.1$，** $p<0.05$，*** $p<0.01$。

3.3.3 实证结果分析

根据之前的模型设定，在控制年度与行业影响的情况下，本章对融资约束与创新效率之间的关系进行了验证，实证结果通过表 3-9 得以展现。模型（1）与模型（2）反映了融资约束与创新效率（数量维度，$RDEF_A$）之间的关系，从模型（1）的实证结果中可以看出，KZ 与 $RDEF_A$ 之间的关系显著为正，二者间的系数为 0.017，且在 1% 的显著性水平上显著；从模型（2）的实证结果中可以看出，SA 与 $RDEF_A$ 之间的关系也显著为正，二者间的系数为 0.182，同时也在 1% 的显著性水平上显著。模型（3）与模型（4）反映了融资约束与创新效率（质量维度，$RDEF_Q$）之间的关系，从模型（3）的实证结果中可以看出，KZ 与 $RDEF_A$ 之间的关系显著为正，二者间的系数为 0.010，且在 1% 的显著性水平上显著；从模型（4）的实证结果中可以看出，SA 与 $RDEF_A$ 之间的关系也显著为正，二者间的系数为 0.128，同时也在 1% 的显著性水平上显著。而以上实证结果都可以较好地支持本章试图阐明的重点，即“中国经济增长之谜”的确存在于我国的创新活动领域，也就是说，现阶段我国企业虽然面临着较高的融资约束，但仍旧对创新效率（包括数量维度与质量维度两个层面）产生显著的正向影响。以上实证结果说明假设 H2 得以验证，即企业面临的融资约束上升能够提升创新效率。

表 3－9　　融资约束与创新效率回归结果

变量名称	模型（1）$RDEF_A$	模型（2）$RDEF_A$	模型（3）$RDEF_Q$	模型（4）$RDEF_Q$
KZ	0.017 *** （4.62）		0.010 *** （3.09）	
SA		0.182 *** （9.6）		0.128 *** （7.61）
SIZE	0.043 *** （9.4）	0.054 *** （11.64）	0.053 *** （13.22）	0.062 *** （15.07）
H5	－0.093 *** （－2.71）	－0.160 *** （－4.59）	－0.105 *** （－3.48）	－0.155 *** （－5.01）
CR	－0.039 （－1.50）	－0.051 ** （－1.96）	－0.090 *** （－3.90）	－0.098 *** （－4.28）
MARKET	0.005 *** （2.79）	0.003 （1.57）	0.006 *** （4.17）	0.005 *** （3.19）
Constant	－0.691 *** （－2.96）	－0.307 （－1.33）	－0.875 *** （－4.24）	－0.619 *** （－3.03）
Ind	Yes	Yes	Yes	Yes
Year	Yes	Yes	Yes	Yes
R^2	0.139	0.157	0.118	0.131
N	3365	3365	3365	3365
F	19.91	22.94	16.54	18.57

注：** $p<0.05$，*** $p<0.01$；括号内为 t 值，类似情况不再一一说明。

此外，研究结果也发现，在模型（1）~模型(4）中，股权集中度（H5）与创新效率具有显著的负向相关关系，且皆在 1% 的显著性水平上显著，这意味着对于我国企业而言，较高的股权集中度（H5）对创新效率具有显著的消极作用。在模型（2）~模型(4）中，市场占有率（CR）与创新效率具有显著的负向相关关系，且皆在1%的显著性水平上显著，这与之前表3-8中的相关系数的检验结果一致，说明市场占有率越高，企业创新的积极性也就越低，即高市场占有率反而对创新效率产生消极的影响。通过模型（1）、模型（3）、模型（4）可以发现，市场化进程（MARKET）与创新效率具有显著正向影响，这也与现实情况所反映的一致。

3.3.4 稳健性检验

KZ指数是目前国内研究度量融资约束较为普遍的指标，考虑到我国上市公司与国外上市公司在融资约束环境上面临的差异，虽然样本主要集中在制造业与信息产业，但由于研究数据仍旧涉及多个行业，因此，在稳健性检验中计算KZ指数时采用以下两种方式：（1）将进一步区别不同行业、不同年度计算出KZ指数的中位数，大于等于该中位数的上市公司为高融资约束公司（$KZ_D=1$），小于该中位数的上市公司则为低融资约束公司（$KZ_D=0$）（李君平和徐龙炳，2015a，2015b）；（2）将以KZ指数的年度行业均值作为分组依据，大于等于该均值的上市公司为高融资约束公司（$KZ_A=1$），小于该均值的上市公司则为低融资约束公司（$KZ_A=0$）（Almeida et al.，2004）。通过替换KZ指数的衡量方法进行稳健性检验，回归结果如表3-10所示。

表3-10　　稳健性检验（1）——KZ指数替换

变量名称	模型（1） $RDEF_A$	模型（2） $RDEF_Q$	模型（3） $RDEF_A$	模型（4） $RDEF_Q$
KZ_D	0.021*** (2.65)	0.011 (1.64)		
KZ_A			0.027*** (3.35)	0.016** (3.35)

续表

变量名称	模型（1） $RDEF_A$	模型（2） $RDEF_Q$	模型（3） $RDEF_A$	模型（4） $RDEF_Q$
SIZE	0.038 *** (8.67)	0.050 *** (12.95)	0.039 *** (8.89)	0.051 *** (13.09)
H5	-0.082 ** (-2.39)	-0.099 *** (-3.27)	-0.085 ** (-2.49)	-0.101 *** (-3.35)
CR	-0.041 (-1.56)	-0.091 *** (-3.94)	-0.043 (-1.63)	-0.092 *** (-3.99)
MARKET	0.005 *** (2.86)	0.007 *** (4.21)	0.005 *** (2.84)	0.007 *** (4.2)
Constant	-0.638 *** (-2.73)	-0.840 *** (-4.07)	-0.664 *** (-2.83)	-0.860 *** (-4.16)
Ind	Yes	Yes	Yes	Yes
Year	Yes	Yes	Yes	Yes
R^2	0.135	0.116	0.136	0.117
N	3365	3365	3365	3365
F	19.3	16.25	19.48	16.36

注：** $p<0.05$，*** $p<0.01$。

通过表3-10中的实证结果可以发现，即使对KZ指数的衡量方法进行了改变，模型（1）、模型（3）、模型（4）仍旧支持融资约束对创新效率的正向影响，其系数分别为0.021、0.027、0.016，并且皆在1%的水平上显著。此外，控制变量如企业规模（SIZE）、股权集中度（H5）、市场竞争程度（CR）、市场化指数（MARKET）与创新效率之间的关系与表3-9所示结果具有较强的一致性。由此说明实证结果较为稳健，并且本章的假设H2被再次验证，即我国企业面临的融资约束上升时，对企业创新效率具有提升作用。

在稳健性检验中，本章对于SA指数的衡量方式采用以下三种方式进行替换：（1）借鉴綦好东等（2015）的做法，计算该指标的行业年度中位数，大于等于该中位数的上市公司为高融资约束公司（$SA_D=1$），小于该中位数的上市公司则为低融资约束公司（$SA_D=0$）。(2) 同时，借鉴卢太平和张东旭（2014）的做法，首先计算出 SA 指数行业年度均值时，大于等于该均值的上市公司为高融资约束公司（$SA_A=1$），小于该均值的上市公司则为低融资约束公司（$SA_A=0$）。（3）在计算 SA 指数时，本书借鉴卢太平和张东旭（2014）与鞠晓生（2013）的做法，将 SA 指数的计算公式（$-0.737\times SIZE+0.043\times SIZE^2-0.04\times AGE$）中的 AGE 以企业成立时间来衡量，由此计算出 SA_F 来进行替换。其中 SA_F 的均值分布见表 3－11，可以发现其与表 3－6 中的 SA 均值分布具有较强的一致性，即随着企业规模与上市时间的递增，SA_F 均值整体呈现递减的趋势，且在以 AGE 为标准的排序中更加明显。

表 3－11　　SA_F 均值分布

变量名称	SA_F 均值	变量名称	SA_F 均值
SIZE：Q1	－3.409	AGE：Q1	－3.290
SIZE：Q2	－3.564	AGE：Q2	－3.459
SIZE：Q3	－3.614	AGE：Q3	－3.588
SIZE：Q4	－3.698	AGE：Q4	－3.700
SIZE：Q5	－3.652	AGE：Q5	－3.902

替换 SA 指数的回归结果如表 3－12 所示，通过模型（1）～模型（2）发现，SA_D 与 $RDEF_A$、$RDEF_Q$ 间系数分别为 0.042、0.029，并且皆在 1% 的水平上显著；模型（3）～模型(4）反映出 SA_A 与 $RDEF_A$、$RDEF_Q$ 间系数分别为 0.061、0.041，并都在 1% 的水平上显著；而模型（5）～模型(6）反映出 SA_F 与 $RDEF_A$、$RDEF_Q$ 间系数分别为 0.110、0.063，并都在 1% 的水平上显著。从中可以看出，上述三种方式中的任意一种，都稳健地说明我国现阶段融资约束对创新效率具有显著提升作用，假设 H2 得以再次验证。

表3-12 稳健性检验（2）——SA指数替换

变量名称	模型（1）$RDEF_A$	模型（2）$RDEF_Q$	模型（3）$RDEF_A$	模型（4）$RDEF_Q$	模型（5）$RDEF_A$	模型（6）$RDEF_Q$
SA_D	0.042*** (5.08)	0.029*** (3.92)				
SA_A			0.061*** (7.22)	0.041*** (5.46)		
SA_F					0.110*** (5.86)	0.063*** (3.81)
SIZE	0.044*** (9.6)	0.055*** (13.52)	0.047*** (10.38)	0.057*** (14.12)	0.042*** (9.56)	0.053*** (13.54)
H5	-0.114*** (-3.28)	-0.122*** (-3.95)	-0.129*** (-3.71)	-0.131*** (-4.27)	-0.115*** (-3.31)	-0.118*** (-3.84)
CR	-0.046* (-1.77)	-0.094*** (-4.11)	-0.041 (-1.59)	-0.091*** (-3.98)	-0.048* (-1.83)	-0.095*** (-4.11)
MARKET	0.004** (2.55)	0.006*** (3.98)	0.004** (2.05)	0.006*** (3.6)	0.004** (2.38)	0.006*** (3.9)
Constant	-0.752*** (-3.20)	-0.928*** (-4.48)	-0.820*** (-3.51)	-0.971*** (-4.70)	-0.244 (-1.03)	-0.615*** (-2.93)
R^2	0.14	0.12	0.147	0.123	0.142	0.119
N	3365	3365	3365	3365	3365	3365
F	20.1	16.78	21.23	17.39	20.47	16.75

注：* $p<0.1$，** $p<0.05$，*** $p<0.01$。

3.4 本章小结

本章通过以Fisher模型构建高新技术企业融资约束指数，并采用DEA方法测度高新技术企业创新效率，实证结果显示，企业面临的融资约束程度上升能够显著提升创新效率。该结果不仅反映出了创新领域中的“中国经济增长之谜”，也引发我们的思考，该种现象存在的原因究竟是什么？之前研究基于 LLSV 的逻辑，仅仅局限于金融领域来探讨我国金融发展与实体经济的关系，对该问题并没有很好地做出解释。

当前，融资约束对于从事创新活动的企业来说影响更加严重。本书认为，企业创新活动成功与否，在很大程度上取决于企业内部对创新投入的有效管理以及合理利用。因此，本书尝试通过引入董事会治理，分析其对融资约束的主观应对以及其对创新效率的积极影响。因此，本书之后的研究将从公司治理领域的视角出发，尝试解释创新领域中的“中国经济增长之谜”。

第4章 技术专家型董事对融资约束的缓解效应

良好的公司治理机制不仅有利于企业建立长效投入机制，而且使企业发展更具有持续性（鲁桐和党印，2014），以此促进企业技术创新。根据内生增长理论，技术创新是关于研发投入与研发人员的函数，增加这两方面投入可以较好地促进企业的创新活动（Acemoglu，2008）。然而，我国融资约束作为客观存在的现实环境，必然对创新活动的投入起到制约作用（顾群和翟淑萍，2012）。那么从公司治理的角度分析，是否存在缓解融资约束消极作用的因素呢?

公司治理机制对技术创新投入以及权、责、利配置具有决定性影响。当企业在外部环境、市场影响力、规模等都近似时，创新方面的差异只能从企业内部解释（Fagerberg and Godinho，2005）。王鹏飞与周建（2011）认为，董事会的专业能力使董事会做出正确的战略选择。因此，在当前企业亟须提高自主创新能力的背景下，只有提高董事的技术专业能力才能更好地作用于企业的创新战略。本书认为，技术专家型董事凭借专业背景、技术知识和专业化才能，使董事会更准确地了解产业发展，提高对企业风险的把控能力，对创新活动产生积极影响；同时，通过提升董事会的专业能力，降低了信息不对称程度，提高了资金提供者对创新项目的信心，以此缓解企业面临的融资约束。

通过第3章的实证研究，本书已经验证了我国融资约束对创新效率的积极影响，即“中国经济增长之谜”的确存在于我国的创新领域中。因而本章尝试从技术专家型董事的视角出发，来探讨其是否具有缓解融资约束的作用。

4.1 理论分析与研究假设

创新活动的复杂性、回报不确定性程度高，不仅导致未来流入的现金流较难被精确估计，而且随着更新换代与技术发展，已经形成的无形资产也很难作为抵押物而获得贷款。同时，企业对研发活动等商业信息采取保密措施，极易导致企业信息的披露不足，从而加剧信息不对称，增加了获取外部资金的困难。也就是说，创新投资形成的无形资产导致融资担保物匮乏，创新活动中存在较强信息不对称的问题，皆成为致使创新企业融资约束更为严重的重要因素（Hall and Lerner，2010）。此外，道德风险与逆向选择的存在，也使得外源负债融资较难成为创新投资的来源。

熊彼特认为，大规模的企业为了维持市场垄断，往往通过内部资金开展创新活动，该结论不仅得到研究学者们的一致认可（Himmelberg and Petersen，1994；Binz and Czarnitzki，2008），也在现实中得到验证：即使在美国、意大利等发达国家，创新资金的重要来源也依旧是内部现金流。也就是说，企业的创新决策往往取决于内部资金水平（Himmelberg and Petersen，1994；Ughetto，2008）。但也有研究认为，企业的内部现金流具有高度不稳定的性质，因此需要股权融资作为创新投资的边际来源。结合我国处于转型时期的现状，证券市场不完善严重制约了企业为优质创新项目进行外部融资。现阶段我国的金融体系以四大银行为主导，并且金融市场发展滞后，而各种非市场化因素以及政府干预活动的干扰，也使得融资约束与创新投资间的关系更加复杂。根据以上分析，本章提出假设：

H1：融资约束能够显著抑制我国企业的创新投资，即融资约束指数与创新投资呈现显著的负向相关关系。

董事会的专业能力对企业创新具有重要影响，资源依赖理论与资源基础观都对董事会专业能力的重要性进行了详细阐释。基于资源依赖理论，普费弗和萨兰西克（Pfeffer and Salancik，1978）认为，企业能否生存最终取决于从外界获取关键资源的能力，包括从外部环境中获取能够降低企业对环境依赖的专家意见；将董事分为内部董事和外部董事，其中外部董事又分为管理型专家、支持型专家和社团影响者（Baysinger and Hoskisson，1990），认为社会网络关系有利于知识、经验与技术等资源的流通与利用，这不仅肯定了董事具有技术专长的重要性，而且看重董事的社会资源。资源基础观则认为，企业的竞争优势来源于特异的资源和能力，由于专业知识与专业能力的复杂性与不可模仿，技术专家型董事凭借专业素养能够推动企业的创新发展。特别是当技术专家型董事既有管理经验又有技术背景时，能够使企业获取较强的竞争优势。本书认为，随着董事会战略作用的逐步增强，技术专家型董事在企业中更容易促进新组合的实现，发挥熊彼特定义的“企业家”的作用。

此外，从我国现状来分析，企业中的董事大多具有财务、法律、管理等背景，虽然掌握了经济管理方面的知识、经验，但对于企业具体的生产经营过程以及操作流程却较为陌生，不仅难以对企业的研发活动以及创新决策提出针对性建议，而且较难发挥相应的监督作用。而技术专家型董事在凭借专业优势来弥补该缺陷的同时，也能够与管理层进行有效沟通，这不仅降低了股东与管理者之间存在的信息不对称问题，提高了董事会监督与激励的效率，而且有助于防止管理层通过研发活动为自己谋取不正当利益，从而降低代理成本。

综上所述，本书认为，技术专家型董事能够凭借与工作相关的技能、经验、知识、信息等，积极影响董事会的战略决策，不仅丰富了董事会异质性，而且提升了董事会内部专业知识的掌握程度，使董事会对企业创新活动认识更加系统与全面。同时，作为某一专业领域的专家，技术专家型董事往往具有一定社会资本，如技术资源、人际网络与丰富的经验等，也更有资源为企业提供技术支持与咨询；技术专家型董事先前的职能经验能够影响其对环境的判断以及看待问题、解决问题的方式，带来不同视角的创新决策。此外，根据资源依赖理论，技术专家型董事的行业背景、职能经验等资源会对企业成长与发展产生重大作用，由于对外部环境的变化具有更高敏感性，能够识别研发机会、获取关键性资源，特别是在专业领域具有杰出贡献的技术专家型董事，其声誉可为企业带来更好的发展机会，有利于本企业抢占更优质的创新项目，形成企业的核心竞争力。也就是说，技术专家型董事可以通过提高董事会专业能力、提升创新决策质量，不仅能够降低资金提供者与企业间的信息不对称，缓解代理问题以此缓解融资约束的消极影响，而且能够为创新企业带来关键性资源，提高企业创新活动的声誉，增强投资者对创新活动的信心。根据以上分析，本章提出假设：

H2：企业设置技术专家型董事能够缓解融资约束，即设置技术专家型董事企业的创新投资—现金流敏感性要小于没有设置技术专家型董事的企业。

4.2 研究设计

4.2.1 样本选择与数据来源

为保持研究的一致性，本章与上一章的样本选择保持一致，采用2007~2014年连续披露研发费用的上市公司年度数据：（1）剔除金融保险类的上市公司；（2）对ST、PT类上市公司予以剔除；（3）对本研究中变量缺失的样本予以剔除；（4）为避免研究结论受到极端值的影响，本章对连续变量在1%水平上进行了Winsorize缩尾处理。本章研究中的技术专家型董事的数据是手工收集于CSMAR数据库中的董事简历，而财务数据均来自国泰安CSMAR数据库，样本企业为2950家。

4.2.2 模型设定

Tobin Q模型是常用的投资模型，该思想由托宾提出。法扎里等（Fazzari et al.，1988）将内部现金流引入该模型，以此检验融资约束与投资—现金流敏感性二者间的关系，如模型（4-1）所示：

$$(I/K)_{it} = \beta_0 + \beta_1 Q_{it} + \beta_2 (CF/K)_{it} + \varepsilon_{it} \tag{4-1}$$

其中，I为企业投资，即固定资产投资或者是研发投资；K为资本存量；Q是Tobin Q值，代表了企业的投资机会；CF则是企业的内部现金流。法扎里等（Fazzari et al.，1988）认为，β_2代表了投资对于内部现金流的敏感性，这可以被解读为企业所承受的融资约束。其内部逻辑是当企业的外部融资成本高于内部的融资成本时，即企业受到融资约束的影响，那么企业投资便会主要依靠内部现金流来支撑。因此，企业受融资约束的影响程度越强，即企业投资对现金流反映越敏感，也就表现为现金流系数的 β_2 较大。

可以发现，在融资约束的研究领域中，大批学者沿用了法扎里等（Fazzari et al.，1988）开创性的研究成果，并从企业规模（Schaller，1993）、股利支付率（Fazzari and Petersen，1993）、集团关系（吴秋生和黄贤环，2016）、信息不对称（屈文洲等，2011）、R&D 投资（徐欣和唐清泉，2010）等角度来探究其与融资约束的关系，以上研究结果均支持了法扎里等（Fazzari et al.，1988）的研究结论，这在一定程度上证明了融资约束与投资—现金流敏感性间关系的客观存在。

因此，本章沿用了法扎里等（Fazzari et al.，1988）、屈文洲等（2011）、唐清泉与肖海莲（2012）、卢馨等（2013）以及其他研究文献的回归模型，采用 Q 投资模型，不仅检验融资约束对企业创新投资需求的影响，也进一步探究企业设置技术专家型董事对二者关系的调节作用。本章借鉴况学文（2011）、顾群等（2012）构造上市公司融资约束指数（financial constraints index）的方法，通过构建融资约束指数作为反映企业受融资约束程度的度量指标，建立了回归模型（4-2），以此检验我国上市公司融资约束程度与创新投资之间的关系，并在回归中控制了固定行业效应（Ind）与年间效应（Year）。值得注意的是，为避免由于融资约束指数的选择不同对融资约束与创新效率间关系的实证结果产生影响（鞠晓生等，2013），本章选择 KZ 与 SA 两种融资约束度量方式作为融资约束指数（FCI）的替代指标，使得实证结果更加稳健。

$$R\&D_{it} = \beta_0 + \beta_1 FCI_{it} + \beta_2 TED_{it} + \beta_3 Q_{t-1} + \beta_4 LEV + \beta_5 Ind + \beta_6 Year + \varepsilon_{it} \tag{4-2}$$

为测量技术专家型董事对企业投资—现金流敏感性的影响程度，本章试图通过引入技术专家型董事的虚拟变量（TED）以及技术专家型董事与现金流的交乘项（TED×CF），以此考察在设置技术专家型董事的前提下，现金流与企业创新投资之间的关系。技术专家型董事的虚拟变量（TED）取值如下：企业设置技术专家型董事，TED 取值为 1；企业没有设置技术专家型董事，TED 取值为 0。回归模型（4-3）如下所示：

$$\begin{aligned} R\&D_{it} = {} & \beta_0 + \beta_1 CF + \beta_2 TED_{it} + \beta_3 TED \times CF + \beta_4 Q_{t-1} \\ & + \beta_5 LEV + \beta_6 Ind + \beta_7 Year + \varepsilon_{it} \end{aligned} \tag{4-3}$$

根据假设可以预计 $\beta_2 > 0$，$\beta_3 < 0$。其中，β_2 是企业没有设置技术

专家型董事的创新投资—现金流敏感性参数，$\beta_2+\beta_3$ 是企业设置技术专家型董事的创新投资—现金流敏感性参数。但是在回归模型中引入交乘项，极容易引起多重共线性问题，从而降低研究系数的显著性，为研究结论带来不必要的干扰。因此，为减少回归结果受多重共线性的影响，本章借鉴唐清泉与肖海莲（2012）的做法，将样本分成设置技术专家型董事与没有设置技术专家型董事的两组样本，通过对比研究来考察二者对现金流敏感性的差异，回归方程如模型（4－4）所示：

$$R\&D_{it}=\beta_0+\beta_1 CF+\beta_2 Q_{t-1}+\beta_3 LEV+\beta_4 Ind+\beta_5 Year+\varepsilon_{it} \tag{4-4}$$

4.2.3 变量定义

1. 创新投资（lnR&D）

本节借鉴唐清泉与肖海莲（2012）对创新投资绝对量的定义，采用企业当期研究开发投资的绝对数进行衡量。

2. 技术专家型董事（TED）

如本书第3章所述，将具有技术专长的董事界定为技术专家型董事。在胡元木等（2016）与张斌和王跃堂（2014）文献基础上，判定技术专长的标准包含以下4个方面：一是学习经历，毕业于工程、制药等技术性较强的专业；二是工作经历，拥有研发或关键技术岗位任职的经历，或担任行业技术协会的负责人；三是职称评定，具有技术类相关的职称，如教授级工程师、工程师、研究员等；四是专利或奖励，拥有发明专利或者获得省级以上的发明奖励。董事如满足以上任何一项，即判断为具有技术专长。本章采用虚拟变量来度量技术专家型董事（TED），即企业设置技术专家型董事为1，否则为0。

根据董事会构成对技术专家型董事进行进一步细分：独立董事为技术专家型独立董事；在上市公司担任高管的为技术专家型执行董事；剔除以上两者后，得到技术专家型非执行董事。值得注意的是，对于仅负责董事会秘书职责的技术专家型董事，需进一步阅读简历来判断其归属类型。对技术专家型执行董事（TEDE）、技术专家型非执行董事

（TEDNE）、技术专家型独立董事（TEDI）皆采用虚拟变量来衡量，设置为1，否则为0。

3. 融资约束指数（FCI）

为避免研究结论可能由于指标选择而导致偏差，本节选用KZ指数与SA指数两种方式来度量上市公司的融资约束指数，两个指数的计量方式与第3章一致。本章利用Fisher判别函数得到的融资约束指数（卢馨等，2013），而该指数是一个反向指标（顾群和翟淑萍，2012；况学文，2011），即该判别函数值越大，则表明企业融资约束越低。因此，为了分析研究的方便，需要对初始判别函数所有系数的符号进行反向处理，得到最终KZ指数。此外，本章借鉴哈德洛克和皮尔斯（Hadlock and Pierce，2010）的研究，使用企业规模（SIZE）与企业年龄（AGE）两个外生变量构建SA指数，并直接采用计算公式 $SA = -0.737 \times SIZE + 0.043 \times SIZE^2 - 0.04 \times AGE$ 来计算，其中SIZE为企业规模，用总资产的自然对数值来表示，AGE为企业的上市年限（綦好东等，2015）。

4. 企业现金流（CF）

本章借鉴唐清泉与肖海莲（2012）对企业现金流的衡量方式，即CF =（企业当期未分配利润 + 当期固定资产折旧 + 当期无形资产摊销 + 当期长期待摊费用的摊销 - 当期分配股利、利润和偿付利息所支付的现金）/营业收入。回归模型（4-2）和模型（4-4）中所需的各变量的定义与测量如表4-1所示。

表4-1　变量定义说明

变量类型	变量符号	变量定义与测量
因变量	lnR&D	企业创新投资，采用企业当期研究开发投资的绝对数进行衡量
自变量	KZ	KZ指数，测算方式与本书第3章一致
	SA	SA指数，测算方式与本书第3章一致
	CF	企业现金流，其计算公式 =（企业当期未分配利润 + 当期固定资产折旧 + 当期无形资产摊销 + 当期长期待摊费用的摊销 - 当期分配股利、利润和偿付利息所支付的现金）/营业收入

续表

变量类型	变量符号	变量定义与测量
分组变量	TED	如果企业设置技术专家型董事为1，否则为0
	TEDE	如果企业设置技术专家型执行董事为1，否则为0
	TEDNE	如果企业设置技术专家型非执行董事为1，否则为0
	TEDI	如果企业设置技术专家型独立董事为1，否则为0
控制变量	Q_{t-1}	企业投资机会，采用企业上期的Tobin Q值。Tobin Q = 公司市场价值/公司重置成本 =（年末股权市值 + 负债账面价值）/年末总资产账面价值
	LEV	财务杠杆，用资产负债率表示，其计算公式 = 负债总额/资产总额
	Ind/Year	本章按照中国证监会的行业分类标准，进一步将制造业细分到二级代码。当企业属于该行业则为1，否则为0。当企业属于该年份为1，否则为0

4.3 实证结果

4.3.1 变量的描述性统计

如表4－2所示的统计结果显示，创新投资（lnR&D）最小值为13.282，最大值为21.197，且标准差为1.426，这说明样本企业创新投资之间仍存在一定差距。而创新投资的中位数17.311大于平均数17.285，这也说明超过一半的企业的创新投资超过平均数。与第3章的分析一致，我们还可以看出融资约束指数的两种衡量指标，即KZ与SA指数存在较大差异，其中KZ指数最小值为－3.002，最大值为2.390，中位数为－0.478，平均数为－0.385；SA指数最小值为－3.981，最大值为－2.897，平均数为－3.376。其中SA指数中位数为－3.330，远远大于卢太平和张东旭（2014）以2004～2012年全部中小板上市公司为样本计算的SA指数的中位数，而与鞠晓生（2013）按照非上市公司

1998～2008年计算的SA指数的中位数-3.398近似，这也能够说明从事创新活动的上市公司会面临着更为严重的融资约束。而现金流（CF）也表现出了较大的标准差，这在一定程度上也反映了样本企业在现金流使用、管理等政策上存在较大差异，为本章的进一步分析提供了初步证据。

表4-2　描述性统计分析

变量	最小值	最大值	中位数	平均值	标准差
lnR&D	13.282	21.197	17.311	17.285	1.426
KZ	-3.002	2.390	-0.478	-0.385	1.177
SA	-3.981	-2.897	-3.330	-3.376	0.237
CF	-0.357	0.975	0.217	0.253	0.212
TED	0	1	1	0.821	0.383
TEDE	0	1	1	0.612	0.487
TEDNE	0	1	0	0.349	0.477
TEDI	0	1	1	0.566	0.496
Q_{t-1}	0.918	9.206	2.069	2.535	1.518
LEV	0.035	0.835	0.380	0.388	0.194

本章通过描述性统计，基于全样本视角初步探究企业设置技术专家型董事的变化规律。可以发现，样本企业中有82.1%的企业设置了技术专家型董事，进一步分析不同类型技术专家型董事的分布情况：有61.2%的企业设置了技术专家型执行董事，34.9%的企业设置了技术专家型非执行董事，56.6%的企业设置了技术专家型独立董事。同时，本章对控制变量也做了描述性统计，结果发现投资机会（Q_{t-1}）在样本企业中的差别也较大，最小值为0.918，最大值为9.206，标准差为1.518。样本企业的财务杠杆最小值为0.035，最大值为0.835，并且均值与中位数相近，分别为0.388与0.380。

表4-3进一步描述了不同变量间的相关关系，KZ指数、SA指数

与创新投资（lnR&D）二者间的相关系数分别为 -0.090 与 -0.197，且在 1% 的水平上显著，初步说明融资约束（FCI）在一定程度上能够抑制企业的创新投资（lnR&D）。与第 3 章研究发现一致，SA 指数与 KZ 指数也具有较强的相关性，相关系数为 0.339，且在 1% 的水平上显著。同时发现技术专家型董事（TED）与创新投资（lnR&D）的相关系数为 0.064，且在 1% 水平上显著，这说明设置技术专家型董事（TED）的企业有可能增强创新投资（lnR&D）。同时，企业设置技术专家型董事（TED）也在一定程度上说明了企业开展研发创新活动，因而可能面临较高的融资约束，从 Pearson 的相关系数检验发现，技术专家型董事（TED）与融资约束指数——KZ 指数、SA 指数的相关系数分别为 0.035 与 0.122，这在一定程度上也反映了上述的现实问题。统计结果还发现，现金流（CF）与融资约束指数——KZ 指数、SA 指数的相关系数分别为 0.367 与 0.184，且皆在 1% 的水平上显著，而这也再次证实了法扎里等（Fazzari et al.，1988）的研究逻辑，也就是说当企业受到融资约束时，企业的投资主要依靠内部现金流。

表 4-3　　变量之间相关系数检验

变量	lnR&D	KZ	SA	TED	TEDE	TEDNE	TEDI	QC_{t-1}	LEV	CF
lnR&D	1									
KZ	-0.090***	1								
SA	-0.197***	0.339***	1							
TED	0.064***	0.035**	0.122***	1						
TEDE	0.104***	0.016	0.098***	0.585***	1					
TEDNE	0.021	0.034*	0.051***	0.342***	0.186***	1				
TEDI	-0.016	0.038**	0.160***	0.532***	0.195***	0.148***	1			
Q_{t-1}	-0.076***	0.211***	0.232***	0.040**	0.056***	0.050***	0.050***	1		
LEV	0.157***	-0.767***	-0.358***	-0.012	0.016	0.006	-0.056***	-0.319***	1	
CF	0.054***	0.367***	0.184***	0.103***	0.095***	0.063***	0.077***	0.244***	-0.543***	1

注：* $p<0.1$，** $p<0.05$，*** $p<0.01$。

进一步分析技术专家型董事（TED）与其不同构成类型之间的

Pearson 相关系数，发现技术专家型执行董事（TEDE）、技术专家型非执行董事（TEDNE）、技术专家型独立董事（TEDI）的相关系数分别为 0.585、0.342、0.532，且皆在1%的显著性水平上显著，这与表4-2的描述性统计具有一致性。本书认为，我国较多企业设置技术专家型执行董事（TEDE）是因为企业自身发展创新的需要，而设置技术专家型独立董事（TEDI）的企业较多，在一定程度上是受我国独立董事政策影响。

4.3.2 实证结果分析

为了探究融资约束（FCI）对创新投资是否产生影响，本书通过判别分析法计算出 KZ 指数，并通过借鉴哈德洛克和皮尔斯（Hadlock and Pierce，2010）的研究方法计算出 SA 指数，使用模型（4-2）进行实证研究。表4-4中，第一列、第二列分别反映了融资约束指数（FCI）——KZ 指数、SA 指数对创新投资（lnR&D）的回归结果。沿用法扎里等（Fazzari et al.，1988）、唐清泉与肖海莲（2012）的做法，将 Tobin Q 的当期项也加入模型用于稳健性检验。

表4-4　　融资约束对创新投入的制约效应

变量名称	模型（1） lnR&D	模型（2） lnR&D	模型（3） lnR&D	模型（4） lnR&D
KZ	-0.090*** (-2.67)		-0.096*** (-2.81)	
SA		-0.575*** (-5.16)		-0.543*** (-4.85)
TED	0.100* (1.67)	0.137** (2.27)	0.093 (1.54)	0.127** (2.1)
Q_{t-1}	0.046** (2.45)	0.059*** (3.18)	0.112*** (4.28)	0.118*** (4.51)

续表

变量名称	模型（1）lnR&D	模型（2）lnR&D	模型（3）lnR&D	模型（4）lnR&D
LEV	1.235*** (6.04)	1.428*** (10.19)	1.133*** (5.43)	1.373*** (9.62)
Q			-0.092*** (-3.47)	-0.082*** (-3.09)
Constant	14.382*** (11.56)	12.449*** (9.65)	14.488*** (11.64)	12.634*** (9.77)
Ind	Yes	Yes	Yes	Yes
Year	Yes	Yes	Yes	Yes
R^2	0.261	0.265	0.263	0.267
N	2950	2950	2907	2907
F	39.59	40.61	37.98	38.76

注：* $p<0.1$，** $p<0.05$，*** $p<0.01$。

从实证结果来分析，融资约束指数均（FCI）对上市公司的创新投资（lnR&D）产生负的影响。其中，以KZ指数来度量融资约束，其与创新投资（lnR&D）的相关系数为-0.090，且在1%的显著性水平上显著；以SA指数来度量融资约束，其与创新投资（lnR&D）的相关系数为-0.575，也在1%的显著性水平上显著。而在表4-4模型（3）、模型（4）的稳健性检验中，上述结果依旧稳健。这说明我国上市公司面临的融资约束程度越高，那么企业对创新活动的投资就会越少，这也反映出我国创新企业面临的融资约束的确严重制约着企业的创新投资。

此外，可以发现上期的Tobin Q值（Q_{t-1}）与创新投资（lnR&D）皆为显著正相关。在表4-4模型（1）中以KZ指数度量融资约束时，上期的Tobin Q值（Q_{t-1}）与创新投资（lnR&D）的相关系数为0.046，且在5%的显著性水平上显著；在表4-4模型（2）中以SA指数度量融资约束时，上期的Tobin Q值（Q_{t-1}）与创新投资（lnR&D）的相关系数为0.059，且在1%的显著性水平上显著；在模型（3）与模型（4）中也同样发现上期的Tobin Q值（Q_{t-1}）与创新投资（lnR&D）皆在1%的显著性水平上正相关。这说明投资机会依旧是上市公司进行创新投资时所考虑的重要问题，有价值的创新项目往往能增强企业的创新投入。同时，结合本书研究主题，在控制变量中进一步控制了公司治理变量——技术专家型董事（TED），可以看出技术专家型董事（TED）与创新投资（lnR&D）二者之间除了在模型（3）中不显著之外，在模型（1）、模型（2）、模型（4）中技术专家型董事（TED）与创新投资（lnR&D）均显著正相关，这也说明技术专家型董事（TED）在一定程度上的确能够提高企业的创新投入。而且财务杠杆（LEV）与创新投资（lnR&D）的系数在表4-4的模型（1）~模型（4）中皆在1%的水平上显著正相关，这与唐清泉与肖海莲（2012）等的研究发现一致，本书认为这与我国融资顺序异化相关（胡元木和纪端，2014），即上市公司对外部融资还是具有一定的偏好，这也有可能是银行体系之间的竞争所导致（Huynh and Rotondi，2007；Benfratello et al.，2008）。

表4-5中模型（1）是全样本的Tobin Q（Q_{t-1}）与现金流（CF）对企业创新投资（lnR&D）的影响。通过实证结果可以发现，当期现金流与创新投资显著正相关，即现金流的增加能够带来创新投入的增强。模型（2）是设置技术专家型董事的创新投资—现金流敏感性，模型（3）是没有设置技术专家型董事的创新投资—现金流敏感性。通过对比模型（2）与模型（3）我们可以发现，两种创新投资中的现金流参数都在1%的水平上显著，并且模型（3）中没有设置技术专家型董事的创新投资—现金流敏感性要大于模型（2）中设置技术专家型董事的创新投资—现金流敏感性（0.923 > 0.627），因此这也证实了本节的第二个假设。本书认为造成该现象的原因是技术专家型董事具有技术专长，因而更加重视企业的技术发展与技术改进，积极通过提高创新投入来增加企业价值（韩忠雪等，2014）；同时，技术专家型董事在专业方面监督的能力较强，能够抑制管理者操控研发活动，从而保障研发投入（胡元木等，2016）。

值得注意的是，从表4-5中依旧可以看出“Tobin Q效应”，由于上一期的Tobin Q值越大，说明企业能够更好地得到投资者的认同，会为企业的创新投资带来积极影响。而唐清泉与肖海莲（2012）指出，由于股票市场存在过度波动，或者在计量Tobin Q时，资本存量重置价值可能存在测量误差，皆有可能影响到计量结果。因此，本章沿用法扎里等（Fazzari et al.，1988）、唐清泉与肖海莲（2012）的做法，将 Tobin Q 的当期项也加入 Q 投资模型，即表 4－5 中的模型（4）～模型（6）是 Q 投资模型的另一种表现形式，在此作为创新投资—现金流敏感性的稳健性检验，由此可以发现本章的实证结果依旧稳健：现金流（CF）与创新投资（lnR&D）显著正相关，并在 1% 的显著性水平上显著；模型（6）中没有设置技术专家型董事的创新投资—现金流敏感性，要大于模型（5）中设置技术专家型董事的创新投资—现金流敏感性。

表 4－5　技术专家型董事对融资约束的缓解作用

变量名称	模型（1）全样本 lnR&D	模型（2）TED＝1 lnR&D	模型（3）TED＝0 lnR&D	模型（4）全样本 lnR&D	模型（5）TED＝1 lnR&D	模型（6）TED＝0 lnR&D
CF	0.689*** (5.15)	0.627*** (4.17)	0.923*** (3.04)	0.666*** (4.93)	0.622*** (4.09)	0.822*** (2.67)
TED	0.073 (1.22)			0.069 (1.15)		
Q_{t-1}	0.039** (2.06)	0.047** (2.34)	−0.022 (−0.42)	0.103*** (3.91)	0.114*** (3.98)	0.035 (0.52)
LEV	2.029*** (13.25)	2.000*** (11.64)	1.941*** (5.58)	1.946*** (12.45)	1.912*** (10.9)	1.889*** (5.31)
Q				−0.088*** (−3.33)	−0.092*** (−3.18)	−0.080 (−1.19)
Constant	13.43*** (10.8)	10.83*** (14.81)	17.86*** (22.33)	13.78*** (11.05)	10.86*** (14.79)	14.15*** (17.36)
Ind/Year	Yes	Yes	Yes	Yes	Yes	Yes
R^2	0.263	0.256	0.326	0.265	0.259	0.319
N	2947	2398	549	2904	2363	541
F	40.1	32.67	12.78	38.36	31.37	11.55

注：** $p<0.05$，*** $p<0.01$。

为了验证不同类型技术专家型董事对融资约束的缓解作用，本章对样本进一步细分，即通过探究不同类型的技术专家型董事对创新投入与现金流二者关系的影响，以此分析技术专家型董事对融资约束的抑制作用。表4－6中，将样本企业按照是否设置技术专家型执行董事（TEDE）、技术专家型非执行董事（TEDNE）、技术专家型独立董事（TEDI）进行划分，该三组样本之间并不存在交集，回归模型与各个变量定义与之前一致。

表4－6的结果显示，现金流（CF）与创新投资（lnR&D）皆为显著正相关，通过比较发现模型（2）与模型（6）中的创新投资—现金流敏感性要大于模型（1）与模型（5）中的创新投资—现金流敏感性（分别为0.756＞0.642；0.970＞0.375）。这也说明技术专家型执行董事（TEDE）、技术专家型独立董事（TEDI）能够在一定程度上缓解企业面临的融资约束，与之前的分析一致；但是通过比较模型（3）与模型（4）能够发现，模型（4）中的创新投资—现金流敏感性要小于模型（3）中的创新投资—现金流敏感性（0.662＜0.877），那么这是否说明技术专家型非执行董事（TEDNE）提升了企业的融资约束呢？

表4－6　不同技术专家型董事对融资约束的缓解作用

变量名称	模型（1） TEDE＝1 lnR&D	模型（2） TEDE＝0 lnR&D	模型（3） TEDNE＝1 lnR&D	模型（4） TEDNE＝0 lnR&D	模型（5） TEDI＝1 lnR&D	模型（6） TEDI＝0 lnR&D
CF	0.642*** (3.7)	0.756*** (3.57)	0.877*** (3.58)	0.662*** (4.15)	0.375** (2.03)	0.970*** (4.97)
Q_{t-1}	0.045** (1.98)	0.017 (0.49)	0.035 (1.12)	0.042* (1.79)	0.108*** (4.32)	－0.034 (－1.22)
LEV	2.038*** (10.35)	1.935*** (7.88)	2.043*** (7.25)	2.098*** (11.48)	2.111*** (9.85)	1.894*** (8.71)

续表

变量名称	模型（1）TEDE = 1 lnR&D	模型（2）TEDE = 0 lnR&D	模型（3）TEDNE = 1 lnR&D	模型（4）TEDNE = 0 lnR&D	模型（5）TEDI = 1 lnR&D	模型（6）TEDI = 0 lnR&D
Constant	15.73 *** (12.76)	15.11 *** (11.9)	15.36 *** (16.43)	13.54 *** (11.02)	13.55 *** (10.93)	15.91 *** (12.81)
Ind	Yes	Yes	Yes	Yes	Yes	Yes
Year	Yes	Yes	Yes	Yes	Yes	Yes
R^2	0.252	0.278	0.243	0.285	0.248	0.316
N	1774	1173	1025	1922	1613	1334
F	24.59	18.45	14.63	31.44	21.86	26.3

注：* $p<0.1$，** $p<0.05$，*** $p<0.01$。

本书认为，这需要结合技术专家型非执行董事的特殊性来分析。技术专家型非执行董事由大股东和其他具有重要影响的股东推举，受到管理层的掣肘少，具有更高的实际独立性（陆正飞和胡诗阳，2015），因此能够更好地代表股东利益；李和奥尼尔（Lee and O'Neill，2003）也认为，大股东考虑到技术创新带来的可持续性长期回报，能够为企业创新提供长期的资金支持。因此，本书认为技术专家型非执行董事（TEDNE）作为大股东的代表，能够通过提升企业内部现金流（CF）而对创新投资（lnR&D）起到支持作用。

较之模型（2）与模型（6），我们可以发现模型（1）与模型（5）中企业设置技术专家型执行董事（TEDE）、技术专家型独立董事（TEDI）的创新投资—现金流敏感性相对较小（分别为 0.756 > 0.642；0.970 > 0.375），并且“Tobin Q 效应”显著，即在模型（1）与模型（5）中上期的 Tobin Q 值（Q_{t-1}）与创新投资（lnR&D）皆为显著正相关，而在模型（2）与模型（6）中，上期的 Tobin Q 值（Q_{t-1}）与创新投资（lnR&D）并不存在显著的相关关系。这不仅说明企业设置技术专家型执行董事（TEDE）、技术专家型独立董事（TEDI）能够缓解融资约束，而且也能够反映出技术专家型执行董事（TEDE）、技术专家型独立董事（TEDI）凭借专业的技术背景，能够挖掘企业的技术潜力，更好地向市场传递出企业具有创新发展的良好机会而降低创新活动中的信息不对称，由此降低融资约束对创新活动的消极影响，也更有利于吸引外部投资，从而保证稳定的研发投入。通过对比模型（3）与模型（4）我们可以发现，相较于没有设置技术专家型非执行董事（TEDNE）的企业，设置技术专家型非执行董事（TEDNE）的企业的创新投资—现金流敏感性则更强，同时模型（3）中也没有表现出“Tobin Q 效应”，即上期的 Tobin Q 值（Q_{t-1}）与创新投资（lnR&D）并无显著相关关系。屈文洲等（2011）、唐清泉和肖海莲（2012）等学者都发现了这种“反 TobinQ”现象，并认为这很可能是由于我国资本市场不完善、投资中存在着众多非理性因素而造成的。本书认为，综合考虑设置技术专家型非执行董事（TEDNE）的企业创新投资—现金流敏感性更强，并且“Tobin Q 效应”不明显，说明技术专家型非执行董事（TEDNE）对本企业中的创新项目具有更深的认识，但是由于创新活动的高风险与信息不对称，可能该项目的价值并未得到市场的认可，因此技术专家型非执行董事（TEDNE）作为大股东的代表，有能力也有意愿通过内部现金流来支持该类项目，从而保证创新活动的投入。

4.3.3　稳健性检验

表4-7用两种方式来验证融资约束对研发投入的制约效应：其一是替换因变量创新投资的度量方法，借鉴卢馨等（2013）的研究方法，将创新投资（R&D）取值定义为企业当年研发支出与年初总资产的比值；其二是由于销售加速模型认为销售收入对投资增长具有加速的作用，因此在稳健性检验中将营业收入增长率（S）作为控制变量加入模型（3）和模型（4），其中 S =（当期营业收入 - 年初营业收入）/年初营业收入。

从表4-7的实证结果中我们可以发现，在进一步控制住成长性因素（S）的前提下，无论是否替换创新投资的度量方式，KZ 指数皆与创新投资具有显著的负向相关关系，这也说明融资约束的确能够制约我国上市公司的创新投入。

表 4－7　　稳健性检验一：融资约束对创新投入的制约效应

变量名称	模型（1） R&D	模型（2） R&D	模型（3） lnR&D	模型（4） lnR&D
KZ	−0.001** (−2.15)	−0.001* (−1.87)	−0.070** (−2.04)	−0.074** (−2.13)
TED	0.003*** (3.35)	0.003*** (3.46)	0.093 (1.56)	0.085 (1.41)
Q_{t-1}	0.004*** (16.13)	0.003*** (7.54)	0.036* (1.89)	0.109*** (4.14)
LEV	−0.008** (−2.57)	−0.005* (−1.68)	1.287*** (6.28)	1.180*** (5.66)
Q		0.002*** (5.74)		−0.103*** (−3.85)
S			0.312*** (3.08)	0.343*** (3.35)
Constant	−0.019 (−1.05)	−0.023 (−1.27)	14.38*** (11.57)	14.48*** (11.66)
Ind	Yes	Yes	Yes	Yes
Year	Yes	Yes	Yes	Yes
R^2	0.286	0.292	0.263	0.265
N	2950	2907	2950	2907
F	45.07	44.01	38.59	37.15

注：* p<0.1，** p<0.05，*** p<0.01。

表 4－8 通过在模型（3）中增加控制变量——当期 Tobin Q 与成长性指标（S），进一步验证技术专家型董事对上市公司融资约束的缓解作用。通过表 4－8 的实证结果我们发现，全样本中的当期现金流（CF）与创新投资（lnR&D）显著正相关，且在 1% 的显著性水平上显著。通过对比模型（2）与模型（3）可以发现，两种创新投资中的现金流参数都在 1% 的水平上显著，并且在模型（3）中，企业没有设置技术专家型董事的创新投资—现金流敏感性，要大于模型（2）中企业

设置技术专家型董事的创新投资—现金流敏感性（0.923 >0.627），因此这也再次证实了本节的第二个假设，即企业设置技术专家型董事能够缓解融资约束。

表4-8　稳健性检验二：技术专家型董事对融资约束的缓解作用

变量名称	模型（1） 全样本 lnR&D	模型（2） TED = 1 lnR&D	模型（3） TED = 0 lnR&D
CF	0.684 *** (5.07)	0.653 *** (4.30)	0.808 *** (2.62)
TED	0.060 (0.99)		
Q_{t-1}	0.098 *** (3.71)	0.109 *** (3.82)	0.030 (0.44)
LEV	1.894 *** (12.1)	1.872 *** (10.69)	1.825 *** (5.06)
Q	-0.101 *** (-3.81)	-0.107 *** (-3.69)	-0.084 (-1.25)
S	0.407 *** (4.05)	0.419 *** (3.80)	0.276 (1.12)
Constant	13.79 *** (11.09)	10.76 *** (14.70)	14.08 *** (17.21)
Ind	Yes	Yes	Yes
Year	Yes	Yes	Yes
R^2	0.269	0.263	0.32
N	2904	2363	541
F	37.77	30.92	11.09

注：*** $p<0.01$。

表4－9借鉴卢馨等（2013）衡量现金流量的方法对 CF_A 进行替换，进一步验证不同技术专家型董事对融资约束的缓解作用。企业现金流 CF_A =（企业当期未分配利润＋当期固定资产折旧＋当期无形资产摊销＋当期长期待摊费用的摊销－当期分配股利、利润和偿付利息所支付的现金）/期初资产。通过表4－9我们发现实证结果与之前一致，这也说明本章得到的结论比较稳健。

表4－9　稳健性检验三：不同技术专家型董事对融资约束的缓解作用

变量名称	模型（1） TEDE＝1 lnR&D	模型（2） TEDE＝0 lnR&D	模型（3） TEDNE＝1 lnR&D	模型（4） TEDNE＝0 lnR&D	模型（5） TEDI＝1 lnR&D	模型（6） TEDI＝0 lnR&D
CFA	3.188*** (11.99)	3.648*** (11.55)	3.740*** (10.15)	3.256*** (13.46)	3.009*** (10.25)	3.627*** (13.07)
Q_{t-1}	−0.015 (−0.68)	−0.020 (−0.61)	−0.018 (−0.60)	−0.015 (−0.63)	0.046* (1.85)	−0.083*** (−3.10)
LEV	2.400*** (13.78)	2.329*** (10.6)	2.436*** (9.99)	2.431*** (14.8)	2.587*** (13.71)	2.192*** (11.21)
Constant	15.10*** (12.76)	13.50*** (11.13)	15.20*** (17.05)	13.57*** (11.59)	13.42*** (11.27)	15.52*** (13.16)
Ind	Yes	Yes	Yes	Yes	Yes	Yes
Year	Yes	Yes	Yes	Yes	Yes	Yes
R^2	0.304	0.346	0.305	0.341	0.293	0.383
N	1774	1173	1025	1922	1613	1334
F	31.79	25.33	19.98	40.91	27.44	35.41

注：* $p<0.1$，*** $p<0.01$。

4.4 本章小结

本章首先验证了当前我国融资约束对创新活动带来的负面影响，主要表现在融资约束抑制了企业对创新活动的投入；而通过引入公司治理因素，发现企业设置技术专家型董事的创新投资—现金流敏感度较低，也就是说技术专家型董事能够减少创新活动对内部现金流的过度依赖，即能够缓解融资约束。这反映出技术专家型董事能够对融资约束带来的共性问题起到缓解作用。

结合创新活动投入时间长、风险大、回报期长且不稳定的特性，同时投资决策也受到融资约束的制约，管理层很可能出于自身利益而挪用研发费用，这也是融资约束下影响企业创新投入的特性问题，但往往被学者所忽视。虽然本章从共性角度出发，已经验证了技术专家型董事对融资约束的缓解作用，但融资约束的特性问题，即管理层研发费用操控却没有得到很好的解决。因此，在第 5 章的研究中，本书试图通过分析不同技术专家型董事的治理效应，来探讨其对管理层操控研发费用起到的监督作用。

第 5 章　技术专家型董事对融资约束的治理效应

本书在第 4 章中利用法扎里等（Fazzari et al.，1988）的检验模型，验证了技术专家型董事对融资约束的缓解作用。之前曾在第 2 章中也明确指出，本书探讨的融资约束不仅包括外部融资过高导致企业过度依赖内部现金流的共性问题，而且包括创新活动特性带来的特有问题，即从事创新活动的企业在面临更强的融资约束下，当管理层面临内部的竞争性项目时，会加剧研发费用操控的问题。由此，本章着重探讨技术专家型董事对该特性问题的治理作用。结合公司治理理论分析，技术专家型执行董事同时作为企业的管理层，在现实中较难实现自我监督。因此，本章在探讨技术专家型董事治理作用时，主要是从技术专家型非执行董事、技术专家型独立董事两个层面来分析。

在当今大众创业、万众创新的时代背景下，挖掘技术专家型非执行董事的治理作用具有重要意义。因为不同于英美国家具有相对分散的股权结构，我国的股权结构更为集中，这也决定了我国董事会由独立董事、非执行董事、执行董事构成。虽然学者往往将研究重点聚焦于独立董事的监督作用，但结合我国现实分析，管理层能够主导独立董事的遴选、连任与薪酬，存在着“人情董事”的现象；同时我国独立董事大都兼职，因而较难有效地监督管理层。而非执行董事是由大股东和其他具有重要影响的股东推举产生，相比于独立董事对管理层的监督动机强、受到的掣肘少，更能代表股东利益，也更加具有实际的独立性。该种特质又使得非执行董事对上市公司的内部信息了解更深入，进一步降低了与管理层之间的信息不对称，从而更好地发挥监督作用。此外，上市公司中非执行董事在多数董事会中达到 1/3 以上的比例，因此非执行董事也是我国公司治理中不容忽视的治理力量（陆正飞和胡诗阳，

2015）。

在欧美相对成熟的市场机制下，独立董事发挥了重要的监督职能，已有文献对此进行了充分探讨。学者认为，董事会通过监督、激励管理层，减少了股东与管理层之间的代理冲突（Fama and Jensen，1983），同时也为企业带来信息、技能、信誉等不同的资源，以此降低企业受外部环境不确定性干扰的可能性，从而提升企业战略成功的概率（Stiles and Taylor，2013）。然而值得注意的是，董事会作为公司治理的核心，具有监督与咨询的双重职能，而每一名董事的精力与时间会在监督与咨询这两种不同的职能之间权衡与分配（Brickley and Zimmerman，2010），因而内部董事与独立董事的职能各有侧重：前者掌握着更多的企业内部信息，主要发挥咨询职能；而后者作为独立于企业与管理层的第三方，侧重于发挥监督职能（Duchin et al.，2010；Lehn et al.，2009）。根据之前的分析，也有学者质疑在我国的现实环境下，独立董事能否发挥应有的监督作用（叶康涛等，2011）。本书认为，以往研究之所以得出以上的结论，可能是由于未充分重视独立董事背景的异质性而造成的，即忽视了董事的专业背景也能够对治理效应产生影响。简单来说，创新活动具有较高的专业性，该特性使得监管部门仅凭财务信息，难以区分管理层是进行费用操控还是做出正常的投资决策（胡元木等，2016）。因此，董事的专业背景也能够影响治理效果。

董事的治理效应主要体现在对盈余管理的抑制作用，现有文献对应计盈余管理的研究较为广泛，虽然该种方式并不会对企业现金流与真实的经济活动产生影响，但是随着监管力度的逐步加强以及会计准则的逐步完善，该类方式较易被监管部门发现，这也使得管理层逐渐倾向于真实盈余管理。随着研究的逐步深入，学者也认为真实盈余管理已然成为当今盈余管理的主要方式，并且该类方式相较于应计盈余管理，不仅隐蔽性更强，而且危害更大，严重牺牲了企业的长远利益并导致社会福利的净损失（李增福等，2013）。结合本书的研究主题，企业创新活动风险高、专业性强、信息不对称程度高，这也在一定程度上促使管理层更加倾向于削减创新费用来进行真实盈余管理：首先，管理层的个人利益与企业利润具有高度相关性，因此基于理性人假设，管理层自身具有进行盈余管理的动机；其次，随着应计盈余管理空间的逐步缩小，管理层会更加倾向于操纵信息不对称程度更高的创新活动，即通过削减 R&D

费用、推迟研发活动等较为隐蔽的路径，使真实盈余管理成为可能。正如之前的分析，创新活动的专业性较强，导致审计与监管部门仅从财务信息中较难分辨出管理层是进行费用操控还是正常的投资决策（胡元木等，2016）；而董事会中缺乏具有技术性与专业性的人才，也不利于监督作用的发挥。那么技术专家型董事究竟能否有效抑制管理层操控研发费用，进而对真实盈余管理产生积极影响呢？因此，本章将以可操控R&D 费用为研究视角，探讨技术专家型非执行董事、技术专家型独立董事对真实盈余管理的抑制作用。

在探究该问题之前，我们应该明确技术专家型非执行董事、技术专家型独立董事的职责与定位，挖掘二者的技术专长如何使其具有识别管理层操纵研发费用的优势，从而在创新战略决策中发挥更好的监督作用。综上所述，本章的贡献主要是：第一，将董事会构成与董事的专业背景相结合，通过探究技术专家型非执行董事、技术专家型独立董事的监督作用，更好地理解我国董事会的治理机制，为技术专家型董事的治理作用提供了经验证据，具有重要的理论价值与现实意义。第二，由于企业对是否设置技术专家型非执行董事、技术专家型独立董事留有充分的自主权，因此会存在“样本选择偏误”的问题，而本章在稳健性检验中，进一步采用 PSM 方法进行处理，从而较好地控制了该问题。

5.1 理论分析与研究假设

管理层出于吸引投资者（Trueman and Titman，1988）、避免利润下降（Dechow and Sloan，1991；Roychowdhury，2006）或追求私有收益（Graham et al.，2005；Gunny，2010）等不同目的，皆具有进行盈余管理的动机。施舟人（Schipper，1989）将盈余管理分为应计盈余管理与真实盈余管理两种类型，而随着现实环境中应计盈余管理的空间被不断压缩，管理层更加倾向于通过操控真实经济活动，来实现粉饰业绩的真实盈余管理。格雷厄姆等（Graham et al.，2005）发现，管理层通过削减 R&D 支出以实现当期的盈余目标。虽然该研究提供了管理层通过操控研发费用进行真实盈余管理的经验证据，但忽略了针对研发活动的特殊性，董事背景的专业性能够提升治理效果。

5.1.1　技术专家型非执行董事对可操控研发费用的抑制作用

创新活动具有风险性高、专业性强、信息不对称程度高的特征。首先，风险性高说明创新活动的投入、产出间的不确定性程度较大，由于管理层自身利益与企业盈余是息息相关的，基于理性人假设来分析，管理层在面对企业内部具有竞争性的投资项目时，往往会选择风险更小、盈利更加稳定的项目，因此也就更有动机推迟创新投入、削减研发费用。其次，创新研发活动具有较强的专业性，往往具有技术专长的人才才能够提升资金的利用效率，那么对专业性较强的创新活动进行监督时，也对监督力量的技术背景提出了一定要求。最后，由于创新活动的特殊性，企业为避免给竞争对手提供有关自身发展的信号，因此并不愿意披露与创新活动有关的信息，这在一定程度上加剧了管理层与资金提供者之间的信息不对称，削弱了资金提供者对管理层的监督，也为管理层操控研发费用提供了可能的空间。

根据之前的定义，本章结合董事背景与董事会构成，将具有技术专长的非执行董事定义为技术专家型非执行董事。考虑到研发活动的特殊性与非执行董事的特征，技术专家型非执行董事在监督管理层操控费用中更具有优势，能够有效抑制真实盈余管理。具体来分析，我国股权集中度较高，往往存在着“一股独大”或者“几股独大”的情况，而在该特殊背景下，非执行董事往往由大股东或者具有重要影响的股东委派，实际独立性更高，对管理层的监督动机更强，能够更好地发挥监督作用。此外，技术专家型非执行董事不仅具有非执行董事的特征，而且具有技术专长，因此对创新活动的监督更加有效：其一，非执行董事往往其是由大股东、上级单位或者具有影响力的股东直接委派，同时其本身也可能是企业的主要股东，相较于独立董事而言，其与企业接触的时间更长、获得的信息更多，对创新活动的了解也更加充分，能有效降低与管理层之间存在的信息不对称，对创新活动的监督力度更强；其二，技术专家型非执行董事凭借专业优势，能够监督管理层是否存在有意推迟创新活动、削减研发费用等真实盈余管理的行为，对创新活动的监督更加具有针对性。简言之，技术专家型非执行董事在实际中能够更好地代表股东利益，较少受管理层的掣肘，同时其具有的专业背景能够提升对创新活动监督的针对性，而以上两方面综合提升了其对管理层操控R&D费用的监督能力。

由于不同国家的政治、法律、文化以及经济发展水平不尽相同，其公司治理的特点也存在着不容忽视的差异。我国集中的股权结构决定了非执行董事的存在。结合制度理论来分析，企业嵌于外部的制度环境中，因此发挥的治理作用也会受环境的制约与影响。我国不容忽视的制度环境主要表现在以下两个方面：其一，我国上市公司中，较大一部分是由国有企业改制而来，因此国家在上市公司中往往处于绝对或者相对的控股地位（贾生华和陈文强，2015），而在现实制度背景下，国有企业与非国有企业在诸多方面，如治理模式、企业目标、经理人任命等方面，皆存在着较大差异（陈仕华和卢昌崇，2014），比如说国有企业存在着所有者缺位以及治理法规建设滞后等问题，都会导致董事会监督职能的弱化（谢永珍和李维安，2008）。其二，较之英美国家相对分散的股权结构，我国的股权结构更为集中，施莱弗和维什尼（Shleifer and Vishny，1988）认为，由股权集中度较高而产生的激励效应能够有效缓解股东与董事之间的代理冲突，从而缓解代理问题。希尔和斯涅耳（Hill and Snell，1988）通过实证研究也发现，股权集中度与企业的R&D投入具有显著的正向相关关系。胡元木和纪端（2017）研究发现，在国有控股企业或者股权集中度较高的企业中，技术专家型非执行董事能够对创新活动起到更好的监督作用。

综上所述，技术专家型非执行董事往往由大股东或者具有重要影响的股东推举或者委派，不仅可以应对创新活动专业性、复杂性等特征，也有利于缓解代理问题（贾生华和陈文强，2015）；同时，在我国国家控股较为普遍以及股权集中度较高的股权结构下，技术专家型非执行董事能够更好地发挥治理效应，基于以上分析本章提出：

H1：在其他条件不变的情况下，企业设置技术专家型非执行董事，对管理层操控研发费用能够起到有效的抑制作用。

5.1.2 技术专家型独立董事对可操控研发费用的抑制作用

真实盈余管理主要通过操控企业的真实经济活动，以实现粉饰企业业绩的目的，而企业的创新活动中也的确存在销售操控（如通过加大折扣来增加销售）、费用操控或者调整投资预算（如通过削减研发支出来增加盈余）等真实盈余管理行为（Bartov，1993；Barber et al.，1989）。巴伯等（Baber et al.，1989）研究表明，企业在制定研发决策时会为了实现当期的盈余目标而削减研发支出，这严重影响了企业在未来期间的获利能力。格雷厄姆等（Graham et al.，2005）通过对美国的401名高管进行调查分析，认为高达80%的高管会通过削减研发费用以实现盈余目标，而55.3%的高管会采用延迟实施新项目的方式进行真实盈余管理，研究结果支持了之前的结论（Graham et al.，2005）。罗伊乔杜里（Roychowdhury，2006）的研究也肯定了管理层会采取降低研发费用等方式来操控真实的创新活动，并以德肖（Dechow，1991）的研究为基础，构造出评价真实活动操控的模型。

法马（Fama，1980）首先肯定了独立董事对管理层行为、决策的监督作用。德肖和斯隆（Dechow and Sloan，1996）通过研究发现，管理层通过潜在地操纵研发费用，以实现短期的盈余目标，并发现在CEO任职的最后一年中，企业的研发费用与之前一年相比会大幅度减少。德肖等（Dechow et al.，1996）与皮雅斯内尔等（Peasnell et al.，2005）进一步研究认为，独立董事能够识别企业盈余管理的行为。奥斯马（Osma，2008）以美国上市公司为样本，建立起独立董事与可操控R&D费用之间的关系，认为提高董事会独立性可以使管理层削减R&D费用的概率降低，从而抑制真实盈余管理，即独立董事能够有效监督与约束管理层削减R&D支出的机会主义行为。但是也有学者对独立董事能否发挥监督作用提出质疑。韦德（Wade，1990）的研究认为，独立董事的监督作用会受到信息不对称的影响。王兵（2007）则认为独立董事多为“花瓶董事”与“人情董事”，由于缺乏相关的技术能力与专业知识，独立董事并不能提高盈余质量。也就是说，之前文献虽然建立起独立董事与盈余管理之间的联系，但对二者之间的关系还存有争议。胡元木（2016）通过实证研究发现，技术专家型独立董事能够显著提升企业的R&D效率，从而肯定了独立董事的技术专长对企业创新活动的积极影响。如前所述，本章认为技术专家型独立董事的专业背景对其履行监督职能具有重要的增量贡献。

管理层操控研发费用主要基于传统的应计盈余管理与真实盈余管理

这两种途径：前者是管理层将本该费用化的研发支出进行了资本化的处理；后者则是管理层通过影响真实的企业活动来操控研发决策，如削减正常的研发投入、延迟创新活动开始的时间等。相较于应计盈余管理，真实盈余管理的隐蔽性与专业性都更强，因此，需要独立董事具有相关的专业背景来进行更具有针对性的监督。技术专家型独立董事作为独立的第三方，本身对管理层具有监督的职能，而凭借自身具有的专业能力，可以更好地识别管理层操纵研发费用的行为，提升对管理层的监督水平。基于以上分析本章提出：

H2：在其他条件不变的情况下，企业设置技术专家型独立董事，对管理层操控研发费用能够起到有效的抑制作用。

5.1.3 技术专家型非执行董事与技术专家型独立董事的交互作用

随着知识经济的不断发展与技术交叉融合的不断加速，研发创新团队成为企业知识创造与创新的主导力量（王黎萤和陈劲，2010a，2010b）。胡元木等（2016，2017）研究认为，在我国集中的股权结构下，技术专家型非执行董事、技术专家型独立董事不仅能够推动企业的创新发展，也成为企业创新活动中不容忽视的治理力量，能够有效抑制管理层操控研发费用。在之前分析的基础上，本章认为技术专家型非执行董事与技术专家型独立董事的交互作用，能够对管理层操控研发费用带来以下两种不同的影响：一是互补效应，即随着开放式创新的发展，企业研发团队在关注内部协同运作的同时，也会注重团队边界及其以外资源的整合，因此需要内部与外部治理力量的协同监督。而技术专家型非执行董事作为大股东的代表，能够有效监督管理层对于研发费用的操控；技术专家型独立董事作为独立的第三方，其与技术专家型非执行董事具有相近的知识背景，因此在监督研发费用操控时能够更好地发挥知识协同优势与组合效应，进而提升企业的盈余质量。二是替代效应，由于技术专家型非执行董事更能代表大股东的利益，因此在一定程度上削弱了技术专家型独立董事的监督作用。基于以上分析本章提出：

H3a：在其他条件不变的情况下，同时聘请技术专家型非执行董事与技术专家型独立董事，对管理层操控研发费用的监督越强。

H3b：在其他条件不变的情况下，同时聘请技术专家型非执行董事与技术专家型独立董事，对管理层操控研发费用的监督越弱。

5.2　研究设计

5.2.1　样本选择与数据来源

为保持研究的一致性，本章采用 2007 ~ 2014 年连续披露研发费用的 A 股上市公司年度数据，根据 CSMAR 数据库提供的高管个人资料，手工收集技术专家型非执行董事与技术专家型独立董事的相关数据。R&D 费用来自 Wind 数据库，其他财务数据均来自 CSMAR 数据库。

上述样本处理过程如下：（1）结合本书的研究主题，我们认为金融保险类企业较之一般企业，在盈利模式与资本结构上皆存在着较为明显的差异，因此对金融保险类上市公司予以剔除；（2）由于 ST、PT 等上市公司出于避免退市等目的，往往更倾向于进行财务操控，为避免该因素导致研究结论产生偏差，剔除 ST、PT 类上市公司；（3）由于控制变量发生变化，剔除本章研究中变量缺失的样本。本章按照证监会的行业分类标准，将制造业进一步细分到次类，同时对每年不足 15 个样本的行业进行必要的合并与删除。为避免研究结论受极端值与异常值的影响，本章对连续变量在 1% 水平上进行了 Winsorize 缩尾处理，最终得到有效样本 3003 个。

5.2.2　模型设定

根据前文的理论分析以及提出的假设，本章构建了以下多元回归模型对提出的假设进行实证检验。其中模型（5 - 1）用来检验技术专家型非执行董事对管理层操控研发费用的抑制作用，模型（5 - 2）用来检验技术专家型独立董事对管理层操控研发费用的抑制作用，模型（5 - 3）用来检验技术专家型独立董事与技术专家型非执行董事的交互作用是否存在。

$$EMR\&D = \beta_0 + \beta_1 TEDNE + \beta_2 SIZE + \beta_3 ROA + \beta_4 LEV + \beta_5 H5 + \beta_6 STATE + \beta_7 EXCP + \beta_8 BSIZE + \beta_9 IND + \varepsilon_1 \quad (5-1)$$

$$EMR\&D = \beta_0 + \beta_1 TEDI + \beta_2 SIZE + \beta_3 ROA + \beta_4 LEV + \beta_5 H5 + \beta_6 STATE + \beta_7 EXCP + \beta_8 BSIZE + \beta_9 IND + \varepsilon_2 \quad (5-2)$$

$$EMR\&D = \beta_0 + \beta_1 TEDI + \beta_2 TEDNE + \beta_3 TEDI \times TEDNE + \beta_4 SIZE + \beta_5 ROA + \beta_6 LEV + \beta_7 H5 + \beta_8 STATE + \beta_9 EXCP + \beta_{10} BSIZE + \beta_{11} IND + \varepsilon_3 \quad (5-3)$$

根据假设 H1，本章认为，如果企业设置技术专家型非执行董事，其通过发挥治理作用，能够显著降低管理层通过操控研发费用进行真实盈余管理的程度。也就是说，技术专家型非执行董事通过抑制真实盈余管理，使得企业研发费用的实际值接近甚至超过正常值。结合模型（5－1）来分析，即技术专家型非执行董事前的系数 β_1 应该显著为正。

根据假设 H2，如果企业中设置了技术专家型独立董事，其通过发挥治理作用也能够显著降低管理层进行真实盈余管理的程度。也就是说，技术专家型独立董事通过抑制管理层操控研发费用，使企业研发费用发生的实际值接近模型估计的正常值，甚至超过正常值。结合模型（5－2）来分析，即技术专家型独立董事前的系数 β_1 应该显著为正。

根据假设 H3，如果公司同时设置技术专家型非执行董事与技术专家型独立董事，两者之间可能存在互补效应或者是替代效应。结合模型（5－3）来分析，如果假设 H3a 成立，即二者间的互补效应显著，那么技术专家型非执行董事与技术专家型独立董事交乘项之前的系数 β_3 应该显著为正；如果假设 H3b 成立，即二者间的交替效应显著，那么技术专家型非执行董事与技术专家型独立董事交乘项之前的系数 β_3 应该显著为负。

5.2.3 变量定义

被解释变量（EMR&D）：异常可操控 R&D 费用作为模型中的被解释变量，能够通过研发费用的估计模型回归得出。罗伊乔杜里（Roychowdhury，2006）提出了能够计量包括 R&D 费用在内的总的正常可操控费用的期望模型。伯杰（Berger，1993）基于避税动因，率先提出了能够估计企业正常 R&D 费用的期望模型。岗尼（Gunny，2010）基于该模型，进一步提出能估计企业可操控费用的模型，并将估计得出的企业正常的研发费用与实际发生的研发费用进行比较，最终得出异常可操控 R&D 费用。在之前文献研究的基础之上，本章认为 R&D 费用与上期收入之间存着在线性关系，即采用估计酌量性费用的期望模型，并通过分年度分行业的方式进行回归，以此估计出企业正常的 R&D 费用，具体的估计模型如式（5-4）所示：

$$R\&D_{it}/A_{it-1} = \alpha_0 + \alpha_1(1/A_{it-1}) + \alpha_2(S_{it-1}/A_{it-1}) + e_{it} \quad (5-4)$$

在模型（5-4）中，$R\&D_{it}$是企业的研发费用，A_{it-1}是第 i 家企业在第 t-1 年的总资产，S_{it-1}是企业的销售额，e 为残差；再根据当年 R&D 费用的实际值减去估计的正常值得出异常值（$EMR\&D_{it}$），如模型（5-5）所示：

$$EMR\&D_{it} = R\&D_{it}/A_{it-1} - [\hat{\alpha}_0 + \hat{\alpha}_1(1/A_{it-1}) + \hat{\alpha}_2(S_{it-1}/A_{it-1})] \quad (5-5)$$

正如之前的分析，如果异常可操控 R&D 费用（$EMR\&D_{it}$）是大于 0 的，本章则认为这是由于企业设置技术专家型非执行董事或者技术专家型独立董事，其对管理层操控 R&D 费用起到了较好的抑制作用，使企业 R&D 费用的实际值大于正常值；反之，如果异常可操控 R&D 费用（$EMR\&D_{it}$）是小于 0 的，本章则认为是企业的管理层为了实现特定的盈余目标而进行了真实盈余管理，削减了企业的 R&D 费用。

解释变量（TEDNE 与 TEDI）：如前所述，判定技术专长的标准包含以下 4 个方面：一是学习经历，毕业于工程、制药等技术性较强的专业；二是工作经历，拥有研发或关键技术岗位任职的经历，或担任行业技术协会的负责人；三是职称评定，具有技术类相关的职称，如教授级工程师、工程师、研究员等；四是专利或奖励，拥有发明专利或者获得省级以上的发明奖励。董事如满足以上任何一项，即判断为具有技术专长。

而董事类型则根据董事会构成进一步细分：具有技术专长的独立董事为技术专家型独立董事；具有技术专长且担任上市公司高管的董事为技术专家型执行董事；将技术专家型独立董事与技术专家型执行董事剔除后，得到技术专家型非执行董事。如果企业设置技术专家型非执行董事，则 TEDNE 取 1，否则取 0。同理，如果企业设置技术专家型独立董事，则 TEDI 取 1，否则取 0。

控制变量：借鉴国内外学术界关于真实盈余管理的研究成果，引入以下控制变量：企业规模、资产收益率、偿债能力、股权集中度、控制类型、高管年薪等。具体分析如下：

一是企业规模。根据熊彼特的创新理论，企业的规模较大意味着其具有更多的资源禀赋，也就是说，能够为企业的创新活动提供财力、物力以及人力的保障。二是资产收益率。较高的收益率可以支持企业对研发活动进行投资。三是资产负债率。因为研发活动需要持久、大量的投入，所以负债比例也会影响企业的研发投入。四是股权集中度。股权集中度越高，股东越关注企业的长期发展，因此也越利于企业的创新活动。五是控制类型。国有企业公司治理更加健全，并且对企业创新与研发活动设置相应的指标与任务，同时国有企业也更加注重董事专业背景与构成的合理性。六是高管年薪。管理层薪酬的高低也会影响到其操控盈余的动机，当管理层薪酬较低时，为了实现利润增长而获取私有收益，管理层可能提高进行盈余管理的概率。七是董事会规模，董事会规模对技术专家型董事的设置会产生一定影响。八是独立董事比例。独立董事比例往往被作为衡量董事会治理效果的重要指标，借鉴之前学者的研究，董事会的独立性对真实盈余管理也具有重要影响。九是行业年度因素。值得注意的是，行业中主导技术的成熟程度能够影响企业创新活动的活跃程度，即企业研发费用会受到行业的因素影响，比如高新技术行业有较多的 R&D 投入，因此必须考虑到行业特征差异。同时，也有研究认为企业的创新活动会受不同年度的宏观因素影响。因此，本章对行业、年度因素也进行控制。综上所述，变量定义详见表 5－1。

表 5－1　　变量定义说明

变量类型	变量	说明	变量含义
因变量	EMR&D	异常可操控 R&D 费用	R&D 费用实际值－R&D 费用正常值
自变量	TEDNE	技术专家型非执行董事	如果企业中设置技术专家型非执行董事，则取值为 1；否则为 0
	TEDI	技术专家型独立董事	如果企业中设置技术专家型独立董事，则取值为 1；否则为 0

续表

变量类型	变量	说明	变量含义
控制变量	SIZE	公司规模	企业年末资产总额的自然对数
	ROA	资产收益率	净利润/(期初资产+期末资产)/2
	LEV	偿债能力	资产负债率
	H5	股权集中度	前五名股东持股比例平方和
	STATE	控制类型	虚拟变量，若为国有为1，非国有为0
	EXCP	高管年薪	前三名高管年薪总额的自然对数
	BSIZE	董事会规模	董事会人数
	IND	独立董事比例	独立董事人数/董事会人数
	Ind	行业	按照中国证监会的行业分类标准，将制造业进一步细分到二级代码。如果企业属于该行业则为1，否则为0
	Year	年份	如果企业属于该年份为1，否则为0

5.3　实证结果

5.3.1　变量的描述性统计

从表5-2变量的描述性统计可以看出，EMR&D的平均值和中位数分别为-0.231和-0.113，说明我国上市公司的异常可操控研发费用大多小于0，即我国上市公司的管理层通过削减R&D费用来操控公司盈余的现象可能较为普遍；技术专家型非执行董事（TEDNE）平均数为0.349，说明样本中有34.9%上市公司设置了技术专家型非执行董事；技术专家型独立董事（TEDI）平均数为0.580，说明样本中有58%上市公司设置了技术专家型独立董事；公司规模（SIZE）最大值和最小值分别为25.123和19.867；资产负债率（LEV）中位数为0.393，与平均数0.399相当；高管年薪（EXCP）中位数为14.033，也与平均数14.015相当；样本中上市公司的董事会规模（BSIZE）最小值为5，最大值为14，中位数为9，其中平均数也与中位数相当，也说明样本中上市公司的董事会规模大多数为9人；独立董事比例（IND）最小值为0.300，最大值为0.571，中位数为0.333，由于独立董事比例（IND）是使用独立董事人数占董事会人数的比例来测量，最小值0.300与中位数0.333相近，也都接近董事会人数中位数9人的1/3，而此分布不仅符合我国现实国情，而且深受我国独立董事政策所影响。

表5-2　　主要变量的描述性统计

变量名称	最小值	最大值	中位数	平均数	标准差
EMR&D	-14.428	12.180	-0.113	-0.231	2.835
TEDNE	0	1	0	0.349	0.477
TEDI	0	1	1	0.580	0.494
SIZE	19.867	25.123	21.553	21.698	1.050
ROA	-0.097	0.211	0.044	0.050	0.049
LEV	0.044	0.837	0.393	0.399	0.191
H5	0.015	0.548	0.157	0.179	0.115
STATE	0	1	0	0.399	0.490
EXCP	12.287	15.660	14.033	14.015	0.640
BSIZE	5	14	9	8.906	1.535
IND	0.300	0.571	0.333	0.369	0.052

5.3.2　实证结果分析

通过表5-3的实证结果来分析，模型（1）验证了技术专家型非执行董事（TEDNE）对异常可操控R&D费用（EMR&D）具有显著的正向影响，且在1%的显著性水平上显著。因此，企业设置技术专家型非执行董事（TEDNE）能够有效抑制管理层操控R&D费用，本章的假设H1得到验证。模型（2）的结果反映出技术专家型独立董事（TEDI）对异常可操控 R&D 费用（EMR&D）产生显著的正向影响，且在1%的显著性水平上显著。因此，企业设置技术专家型独立董事（TEDI）能够有效抑制管理层操控 R&D 费用，本章的假设 H2 得到验证。

表5-3　　　　技术专家型董事治理效应的实证结果

变量名称	模型（1） EMR&D	模型（2） EMR&D	模型（3） EMR&D	模型（4） EMR&D
TEDNE	0.329*** (3.63)		0.245*** (2.69)	0.252* (1.72)
TEDI		0.567*** (6.65)	0.532*** (6.18)	0.536*** (5.16)
TEDNE × TEDI				-0.011 (-0.06)
SIZE	0.544*** (9.49)	0.548*** (9.62)	0.557*** (9.77)	0.557*** (9.73)
ROA	4.893*** (4.82)	5.115*** (5.06)	5.079*** (5.03)	5.077*** (5.03)
LEV	-2.265*** (-7.70)	-2.207*** (-7.54)	-2.199*** (-7.52)	-2.199*** (-7.51)
H5	-2.533*** (-6.59)	-2.570*** (-6.72)	-2.609*** (-6.83)	-2.609*** (-6.83)
STATE	-0.344*** (-3.43)	-0.279*** (-2.82)	-0.314*** (-3.15)	-0.314*** (-3.14)
EXCP	0.552*** (7.02)	0.540*** (6.9)	0.539*** (6.89)	0.539*** (6.88)
BSIZE	0.018 (0.57)	-0.007 (-0.23)	-0.010 (-0.30)	-0.010 (-0.30)

续表

变量名称	模型（1） EMR&D	模型（2） EMR&D	模型（3） EMR&D	模型（4） EMR&D
IND	1.118 (1.25)	0.362 (0.41)	0.608 (0.68)	0.607 (0.68)
Constant	-21.53*** (-16.47)	-21.11*** (-16.29)	-21.40*** (-16.48)	-21.40*** (-16.47)
Ind/Year	YES	YES	YES	YES
R^2	0.364	0.371	0.372	0.372
N	3003	3003	3003	3003
F	71.11	73.13	70.64	67.90

注：* p<0.1，*** p<0.01。

在模型（3）中，为了避免由于变量遗漏对技术专家型非执行董事（TEDNE）、技术专家型独立董事（TEDI）的作用产生认识偏差，本章将技术专家型非执行董事（TEDNE）与技术专家型独立董事（TEDI）同时放入模型中，发现二者对异常可操控 R&D 费用（EMR&D）皆具有显著的抑制作用，且都在 1% 的显著性水平上显著。也就是说，技术专家型非执行董事（TEDNE）、技术专家型独立董事（TEDI）对异常可操控 R&D 费用（EMR&D）的抑制作用得到进一步验证，更为稳健地验证了技术专家型非执行董事（TEDNE）、技术专家型独立董事（TEDI）的治理作用。

模型（4）则是在模型（3）的基础上，加入了技术专家型独立董事（TEDI）、技术专家型非执行董事（TEDNE）的交乘项（TEDI × TEDNE），进一步考察技术专家型独立董事（TEDI）、技术专家型非执行董事（TEDNE）之间的交互作用。可以发现，技术专家型非执行董事（TEDNE）、技术专家型独立董事（TEDI）对异常可操控 R&D 费用（EMR&D）具有显著的抑制作用，但是二者的交乘项（TEDI × TEDNE）并不显著，也就是说，以现有的样本企业的数据来看，同时设置技术专家型独立董事（TEDI）、技术专家型非执行董事（TEDNE）并不存在替代效应或者互补效应，即本节的假设 H3 并没有得到验证。

综上所述，表5-3中模型（1）验证了企业设置技术专家型非执行董事（TEDNE）对融资约束的治理效应，即其能够通过发挥监督作用，对异常可操控R&D费用（EMR&D）具有显著的正向影响。模型（2）则验证了技术专家型独立董事（TEDI）对融资约束的治理效应，即其能够对真实盈余管理中可操控R&D费用起到较好的监督作用。在模型（3）中同时控制了技术专家型独立董事（TEDI）与技术专家型非执行董事（TEDNE），发现二者皆对可操控R&D费用具有监督作用，再一次说明企业设置技术专家型非执行董事（TEDNE）、技术专家型独立董事（TEDI）能够有效抑制管理层操控R&D费用。而通过以上的实证检验，能够较好地验证技术专家型董事对融资约束起到的治理作用。

5.3.3　稳健性检验

在2001年，证券监督管理委员会颁布了《关于在上市公司建立独立董事制度的指导意见》，其中明确规定了我国独立董事中至少应包括一名会计专业人士。这也能够说明，企业对是否聘请其他专业背景的独立董事留有充分的自主权。因此，在实证分析中就会存在赫克曼（Heckman）提出的“样本选择偏误”（sample-selection bias）的问题。换言之，因为不能排除企业为抑制管理层操控R&D费用而更加倾向于设置技术专家型非执行董事（TEDNE）或技术专家型独立董事（TEDI）这种可能，因此即使我们观察到在设置技术专家型非执行董事（TEDNE）或者技术专家型独立董事（TEDI）的上市公司中，管理层操控R&D费用的情况确实更少，也无法判断这种现象源于企业设置技术专家型非执行董事或者技术专家型独立董事。而对于上述分析的内生性问题，本章在稳健性检验中，进一步采用了PSM（propensity score matching，PSM）方法对样本的选择偏误进行控制，现在以技术专家型独立董事为例进行详细说明。

1. 内生性问题处理——PSM估计结果

首先，以企业是否设置技术专家型独立董事的Logit模型为基础，对倾向得分值进行预测。结合之前模型中的控制变量，通过技术专家型独立董事（TEDI）对模型中影响企业盈余程度的控制变量进行Logit回归，分析影响技术专家型独立董事（TEDI）设置的因素，最终将协变量确定为偿债能力、股权集中度、控制类型、高管持股比例、独立董事规模等因素。从 Logit 回归结果中可以发现，各协变量对处理变量具有较强的解释力，从回归的符号中也可以看出企业具有高的股权集中度、低的资产负债率，且独立董事规模更大时，更有可能设置技术专家型独立董事（TEDI），由此也说明运用 PSM 方法处理内生性的必要性。

其次，在控制行业年份的前提下，分别采用不同的匹配方式将处理组与控制组的企业进行匹配，具体的方式有核匹配、最近邻匹配、半径匹配等。继而对样本组进行共同支撑假设（common support assumption）检验。这是因为采用 PSM 方法时，必须确保设置技术专家型独立董事（TEDI）的企业（处理组）能够通过倾向得分值，在未设置技术专家型独立董事（TEDI）的企业（控制组）中找到与之相匹配的企业。所以，在报告最终的统计结果之前，为了保证匹配的效果必须汇报共同支撑假设检验的结果。图 5－1 中呈现了在核匹配的方式下，匹配前后“处理组”与“控制组”的概率密度分布。我们可以直观地看出，在图 5－1（a）匹配前的概率分布图中，“处理组”与“控制组”两组的 PS 值的概率分布存在着较为明显的差异；而在图 5－1（b）匹配后的概率分布图中，控制组的 PS 值分布曲线向右移动明显，“处理组”与“控制组”两组的 PS 值的概率分布差异的幅度降低，二者走势更为趋近。从图 5－1 中可以看出匹配的效果较好，即通过核匹配的方式能够修正“处理组”与“控制组”之间 PS 值的分布偏差，以此验证了共同支撑假设。

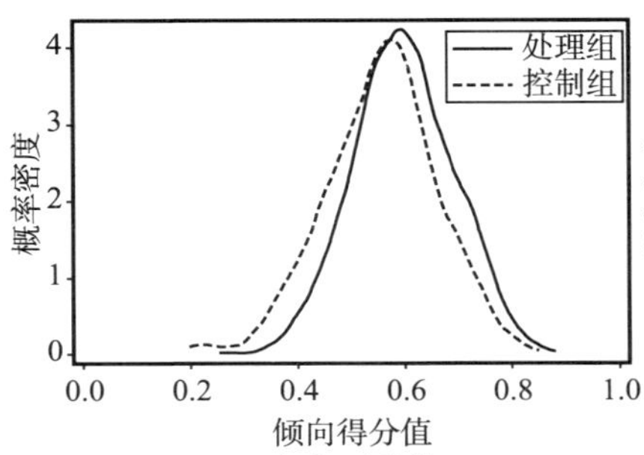

（a）匹配前

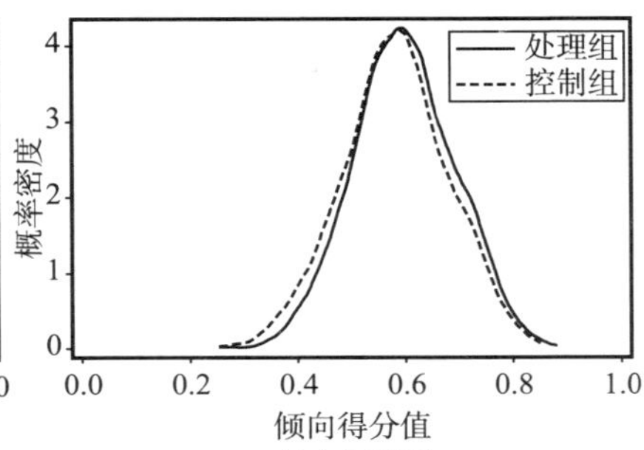

（b）匹配后

图 5－1　匹配前后“处理组”与“控制组”PS 值概率分布

再次，对完成匹配后的样本进行平行假设（balancing assuption）检验，以此确保协变量的均值在“处理组”和“控制组”间并不存在显著差异，即能够说明配对样本达到“平衡”的条件。从图 5－2 中我们可以看出，匹配后的各变量在“处理组”和“控制组”之间的差异均不显著，匹配后的标准偏差均大幅度下降且绝对值都小于 5%。通过图 5－2 我们也可以直观地看出平行假设也得到了验证。

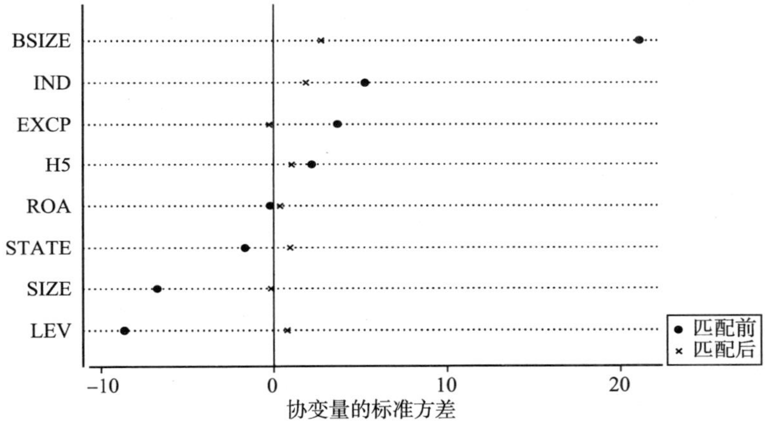

图 5－2 平行假设检验

最后，通过对“处理组”与“控制组”之间的差异进行统计推断，比较设置技术专家型独立董事的企业（处理组）与未设置技术专家型独立董事的企业（控制组）之间，在异常可操控 R&D 费用上是否存在着显著差异，以此对技术专家型独立董事的治理作用做出可靠的估计。

技术专家型独立董事治理效应的估计结果如表 5－4 所示，我们以核匹配为例详细说明样本总体的平均处理效应（ATT）。从表 5－4 中我们可以看出，在满足共同支撑假设与平行假设的前提下，匹配后设置技术专家型独立董事的处理组中，EMR&D 的均值为 0.051，ATT 值为 0.482，在 1% 水平上显著异于 0，这表明企业设置技术专家型独立董事的确可以显著抑制管理层操控 R&D 费用，与我们之前的分析是一致的。在稳健性检验中，进一步采用半径匹配与最近邻匹配来分析，能够发现采用最近邻匹配与半径匹配的结果，与之前采用核匹配的结果具有高度一致性，本书的假设再次得到证实，由此也说明本章的结论具有较强的稳健性，即技术专家型独立董事（TEDI）对融资约束具有显著的治理效应，能够对管理层操控 R&D 费用起到较好的监督作用。

表 5－4　　　　技术专家型独立董事治理效应的稳健性检验

变量名称	样本	处理组	控制组	ATT	S. E.	T－stat
EMR&D	匹配前	0.057	－0.628	0.685	0.104	6.58 ***
核匹配	匹配后	0.051	－0.431	0.482	0.107	4.50 ***
半径匹配	匹配后	0.051	－0.427	0.478	0.039	4.45 ***
最近邻匹配	匹配后	0.051	－0.240	0.292	0.142	2.05 **

注：（1）“匹配前”指未进行 PS 值配对前的样本，“匹配后”指进行“匹配”之后的样本；（2）“处理组”和“控制组”分别表示设置技术专家型独立董事与未设置技术专家型独立董事的公司；（3）***、** 分别表示在 1%、5% 水平上显著。

技术专家型非执行董事治理效应的估计结果如表 5－5 所示，我们以核匹配为例详细说明样本总体的平均处理效应（ATT）。从表中我们可以看出，在满足共同支撑假设与平行假设的前提下，匹配后设置技术专家型非执行董事的处理组中，EMR&D 的均值为 0.062，ATT 值为 0.349，在 1% 水平上显著异于 0，这表明企业设置技术专家型非执行董事的确可以显著抑制管理层操控 R&D 费用，与我们之前的假设分析也是一致的。当进一步进行半径匹配与采用最近邻匹配分析时，也能够发现采用以上两种方式进行匹配的结果，与之前采用核匹配的结果具有高度一致性，由此说明本章的结论具有较强的稳健性，即技术专家型非执行董事（TEDNE）对融资约束具有显著的治理效应。同时，这一结果也与胡元木等（2016，2017）的研究结果具有一致性。

表 5－5　　　　技术专家型非执行董事治理效应的稳健性检验

变量名称	匹配方式	样本	处理组	控制组	ATT	S. E.	T－stat
EMR&D	匹配前	匹配前	0.080	－0.397	0.477	0.108	4.41 ***
核匹配	匹配后	匹配后	0.062	－0.287	0.349	0.118	2.95 ***

续表

变量名称	匹配方式	样本	处理组	控制组	ATT	S. E.	T - stat
半径匹配	匹配后	匹配后	0.054	-0.295	0.349	0.119	2.92 ***
最近邻匹配	匹配后	匹配后	0.062	-0.546	0.608	0.158	3.85 ***

注：（1）“匹配前”指未进行PS值配对前的样本，“匹配后”指进行“匹配”之后的样本；（2）“处理组”和“控制组”分别表示设置技术专家型非执行董事与未设置技术专家型非执行董事的公司；（3）*** 表示在1%的水平上显著。

2. 替换变量

也有学者指出，与管理费用中的研发支出相比，现金流量表中的研发投入更能反映出真实的研发投入。借鉴胡元木等（2016）的研究方法，本章通过手工搜集上市公司年报中的相关数据，采用财务报告附注中“支付的其他与经营活动有关的现金流量”项目，如研发支出、技术开发费、研发费用、科研试验费、科研经费、科研开发费等，进行稳健性检验。同时，将高管薪酬（EXCP）替换为高管持股比例（MGT）。

在稳健性检验中依旧选取2007～2014年连续披露研发费用的上市公司为研究样本，其他财务数据均来自国泰安数据库（CSMAR）。重复之前的样本处理过程：（1）结合本书的研究主题，我们认为金融保险类企业较之于一般企业，在盈利模式与资本结构上皆存在着较为明显的差异，因此对金融保险类上市公司予以剔除；（2）出于避免退市等目的，ST、PT等上市公司往往更倾向于进行财务操控，为避免该因素导致研究结论产生偏差，剔除ST、PT类上市公司；（3）由于控制变量发生变化，剔除本章研究中变量缺失的样本。本章按照证监会的行业分类标准，将制造业进一步细分到次类，并对每年不足15个样本的行业进行必要的合并与删除。同时，为避免研究结论受极端值与异常值的影响，本章对连续变量在1%水平上进行了Winsorize缩尾处理，最终得到有效样本2857个。而从回归结果也可以看出，企业设置技术独立董事能够显著抑制研发费用操控（EMR&D），且在1%的显著性水平上显著。同时，企业的盈利能力（ROA）、高管持股比例（MGT）以及负债比率（LEV）都对抑制研发费用操控具有显著的积极影响，这与我们之前的分析是一致的。

5.4　本 章 小 结

本章主要从技术专家型非执行董事、技术专家型独立董事发挥治理作用的角度，探讨其对管理层操控研发费用的抑制作用。实证研究发现，技术专家型非执行董事、技术专家型独立董事的治理作用皆得到验证，且在1%的水平上显著。现在我们将技术专家型董事对融资约束的缓解作用（第4章）以及技术专家型董事对融资约束的治理作用（第5章）概括为技术专家型董事的积极应对，并将相对应的结论汇总于表5－6中。

表5－6　　　　技术专家型董事对融资约束的积极应对

<table>
<tr><td>研究内容</td><td>验证现实问题</td><td colspan="2">融资约束（共性）</td><td colspan="2">创新企业的融资约束（特性）</td></tr>
<tr><td>被解释变量</td><td>创新投入
（lnR&D）</td><td colspan="2">创新投入
（lnR&D）</td><td colspan="2">异常可操控费用
（EMR&D）</td></tr>
<tr><td>解释变量</td><td>融资约束指数
（KZ、SA）</td><td colspan="2">内部现金流
（CF）</td><td>技术专家型
非执行董事
（TEDNE）</td><td>技术专家型
独立董事
（TEDI）</td></tr>
<tr><td>分组/交互变量</td><td>—</td><td>TED</td><td>TEDE
TEDNE
TEDI</td><td colspan="2">TEDNE × TEDI</td></tr>
<tr><td>逻辑基础</td><td>Tobin Q 模型</td><td colspan="2">Fazzari et al.（1988）</td><td colspan="2">Roychowdhury（2006）</td></tr>
<tr><td>主要方法</td><td>OLS</td><td colspan="2">分组回归</td><td colspan="2">OLS＋交乘项、PSM</td></tr>
<tr><td>对应章节</td><td>第4章</td><td colspan="2">第4章</td><td colspan="2">第5章</td></tr>
<tr><td>主要结论</td><td>融资约束抑制创新投入</td><td colspan="2">技术专家型董事缓解融资约束</td><td colspan="2">技术专家型非执行董事、独立董事抑制研发费用操控</td></tr>
</table>

第4章主要针对的是融资约束的共性问题，即当企业受融资约束影响时，创新投资对内部现金流具有较高的依赖性。而我们通过实证研究发现，技术专家型董事能够缓解创新活动对内部现金流的依赖，以此解

决创新资金由企业外到企业内的流入问题。第 5 章主要结合创新活动特性，试图解决创新企业受到的融资约束的特性问题。即创新企业中的管理层在融资约束的情境下，出于自身利益的考虑，会避免投资风险较高、投资期长的创新项目，将本应该流入创新活动的资金挪作他用，通过操控研发费用而实现真实盈余管理的目的。然而，我们通过实证研究可以发现，技术专家型非执行董事与技术专家型独立董事皆能够通过发挥治理作用，抑制管理层操控研发费用。因此本章解决的问题是：管理层面对具有竞争性的内部项目时会有操纵研发费用的动机，而技术专家型董事能够通过有效的监督管理层，保证资金投入能够流入企业的创新项目。

通过对第 4 章及第 5 章的研究结论进行归纳，进一步凝练技术专家型董事积极应对融资约束的作用路径，如图 5 – 3 所示。如前所述，技术专家型董事通过缓解创新活动对内部现金流的依赖，能够解决创新资金由企业外流入企业内的现实问题，即技术专家型董事能够从投资的共性角度来缓解融资约束（第 4 章）；技术专家型董事能够通过有效监督管理层，抑制管理层操纵研发费用从而保证资金最终流入企业的创新项目（第 5 章），即技术专家型董事能够对创新企业融资约束的特性问题起到有效的治理作用。综上所述，技术专家型董事通过以上两种途径，能够达到保证企业创新投入的最终目的，也是技术专家型董事积极应对融资约束的两条作用路径。

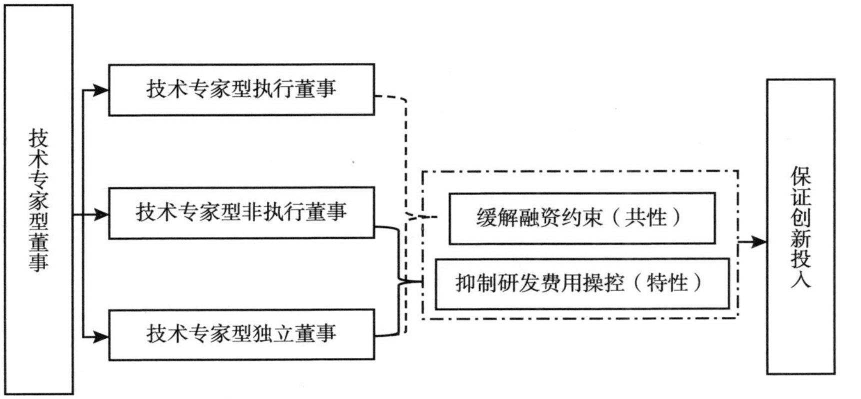

图 5 – 3　技术专家型董事缓解融资约束的路径分析

通过对第 4 章与第 5 章的结论进行整合，虽然验证了技术专家型董事对融资约束的积极应对，但这只能够证明技术专家型董事削弱了融资约束对企业创新活动的消极影响，还不足以说明我国企业在融资约束下研发效率依旧得以提高的根本原因。因此，在下一章中，本书将着重探讨技术专家型董事对创新效率、企业绩效是否具有积极影响，检验技术专家型执行董事驱动企业创新的作用路径，并且进一步探索融资约束对技术专家型董事的创新驱动作用能否产生正向的调节作用。

第6章 技术专家型董事的创新驱动作用

创新在国家发展全局中具有核心与基点地位。企业是技术创新的主体，创新活动是国家经济发展的源动力。创新效率的提高不仅能够推动企业的持续发展，奠定宏观经济增长的微观基础，同时也对建设创新型国家具有重要作用。公司治理是保证企业创新效率的制度基础，奥沙利文认为企业应该建立支持创新的公司治理机制：一方面，技术创新是关于研发投入与研发人员的函数，良好的公司治理有利于建立长期有效的投入机制；另一方面，公司治理的基本职能是保证股东利益，企业可以通过创新获得核心竞争力，从而更好地满足企业创新发展的要求。而董事会作为连接企业股东与管理层的桥梁，一直以来都是公司治理研究的核心内容。

相关研究认为，随着董事会对企业战略的影响逐渐增强，学者也逐渐关注董事专业背景对企业经济后果的影响。罗伯茨（Roberts，2001）通过对209家大型跨国企业进行调查，发现在90%以上的日企中，CTO能够凭借首席科学家的身份跻身董事会，以此推动企业的核心研发。国内学者对董事的技术背景也展开了一系列研究。胡元木（2012）首次验证了我国技术独立董事对R&D效率的促进作用；韩忠雪（2014）探究了技术高管对R&D效率的作用路径。这也反映出技术专家型董事在我国创新发展的历程中，对企业创新的推动作用日渐凸显，这为研究中国特色自主创新道路下的董事会治理提供了崭新而重要的视角。然而，当前我国上市公司只是按照制度要求设置了具有财务背景的独立董事，而对技术专家型董事并未给予足够重视。

随着董事会异质性研究的逐步深化以及企业中CTO作用的逐渐凸显，部分学者开始关注董事、高管的技术背景，但尚未探索技术专家型董事对企业绩效的影响以及作用机制。汉布瑞克和梅森（Hambrick and Mason，1984）提出的高层梯队理论首次统筹考虑了高管的个人特质、企业战略决策与企业绩效，认为企业高管的职能背景会通过影响其价值观与认知观而影响企业的战略选择，继而间接作用于企业绩效，这为本章的研究提供了坚实的理论支撑。此外，目前鲜有文献能够结合我国董事会构成，探讨不同类型的技术专家型董事对创新效率的影响。因此，本章首先架起技术专家型董事与企业绩效之间的桥梁，以此探究二者之间可能存在的作用机理，继而验证不同类型技术专家型董事对创新活动的积极作用，通过以上两个方面来验证技术专家型董事的创新驱动作用。这对逐步明晰技术专家型董事、创新效率与企业绩效三者间的理论逻辑与因果关系具有重要的理论与实践意义。同时，通过企业绩效等财务指标来衡量技术专家型董事的创新驱动作用，也为从技术专家型董事视角来解释“中国经济增长之谜”提供了进一步的佐证。

学术界对于公司治理与创新效率之间的关系探讨广泛，领导权结构、股权结构、董事会结构等公司治理机制对创新效率都有影响，但以上文献都是从公司治理的单一维度考察，公司治理整合理论认为，单一的公司治理机制边际效用递减，与之相比，不同机制的相互结合则更为有效。此外，不同国家的政治、法律、文化等外在环境不同，所处的经济发展阶段也不一致，所以各国企业的公司治理特点并不相同，汤业国提出了“中小上市公司技术创新内生动力观”，认为中小上市公司的技术创新行为主要来自其自身内部公司治理机制的推动。值得注意的是，融资约束作为我国现实存在的经济背景，其能否对技术专家型董事的创新驱动作用起到调节效应，也是值得关注的问题。

综上所述，本章首先验证了技术专家型董事的作用路径，继而通过引入“融资约束”变量，探究其在技术专家型董事与创新效率间起到的调节作用，即探讨在融资约束影响下，技术专家型董事对创新效率的提升作用是增强还是削弱。通过以上的研究，为在公司治理层面落实国家创新战略、完善中国特色自主创新道路下的董事会建设提供经验证据与理论支持。

6.1 技术专家型董事创新驱动作用的实证检验

在当前鼓励创新的时代背景下，具有创新能力是企业在激烈的竞争中获取绝对优势的关键所在。以往研究采用了创新投入、创新产出以及创新效率等不同指标来衡量企业的创新水平。首先，我国在《国家中长期科学和技术发展规划纲要（2006－2020年）》中明确表示，到2020年，社会研发投入占GDP的比重将上升到2.5%。然而需要注意的是，研发投入只是影响企业创新效率的重要因素，而绝非充要条件，因此单用研发投入这一指标来衡量企业的技术创新水平不够准确；同时，我国也确实存在着研发投入增长迅速而企业创新水平却未得到显著提高的现实问题。其次，对于创新产出而言，学者往往选择专利指标作为衡量技术创新的替代变量，并且该指标在20世纪70年代后被广泛作为技术创新的产出指标。结合我国现实情况来分析，我国于20世纪80年代末开始实施产业政策，并且该种干预在21世纪后明显加强，因此单纯根据专利指标则难以判断企业的创新动机究竟是实质性创新还是策略性创新。也就是说，仅从研发投入或产出单方面来分析，难以全面准确地衡量我国企业的创新水平。最后，当前有关创新效率的文献聚焦于省域数据或行业领域，而与公司治理研究匹配的微观数据还较少。针对上述不足，本节选择采用DEA方法来衡量企业的创新效率，以此作为企业创新水平的替代变量。

不容忽视的是，企业的创新投入存在着滞后性的问题，即从理论上来分析，创新效率与企业绩效在创新投入之后的较长时间才能表现出来。而不同于以往研究，本节也关注技术专家型董事对创新效率与企业绩效的当期效应。现结合本书的指标选择与我国创新活动的现状详述选择当期效应的原因。首先，我国专利法规定专利包括发明专利、实用新型专利、外观设计专利三种类型。周煊（2012）认为，发明专利用于表示企业技术创新的研发属性，往往代表企业的关键技术成果，科技含量最高；外观专利体现了技术创新的市场属性，是针对市场竞争而产生的；实用新型设计的研发属性与市场导向性则介于以上二者之间。但是技术创新强调研究成果的市场化应用，本书认为这三种专利的申请数量之和能够在一定程度上代表企业技术创新的水平。值得注意的是，申请专利的技术可能在申请过程中就对其绩效产生影响，因此研发投入与专利申请的时滞性在一定程度上得以缩短。其次，我国创新活动的研发投入偏重研发周期较短的试验发展，并且现阶段专利产出以技术模仿为主，因此会削弱专利的滞后效应。同时，本书认为，董事的技术专长能够帮助企业缩减从投入研发到申请专利的时间，即能够缩短创新投入的时滞效应，从而对当期的专利申请与企业绩效产生积极影响；也能够提升研发投入的利用效率，加快研发进程，或许当期的专利申请量提高得并不明显，但在这一过程中能够将创新成果积极作用于企业绩效。而这也在一定程度上有利于从公司治理角度阐释我国研发投入对企业绩效爆发性较好的现象。

随着董事会对企业战略的影响日益增强（Hillman and Dalziel，2003），相关研究也逐渐聚焦于技术专家型董事。国外学者研究发现，首席科学家的身份有助于 CTO（Chief Technology Officer）跻身董事会，推动了企业的核心研发（Yasuyuki Suzuki，2009；Roberts，2001；Adler，1990）。而我国对董事技术专长并未足够重视，除了明确规定独立董事“至少包括一名会计专业人士”外，对其他专业背景并无强制要求。我国学者汪延明和李维安（2014）等关注到董事技术专长对企业创新的积极影响，认为董事凭借技术专长发挥专家效应，能够提升企业研发水平（胡元木，2012），为本节提供了研究契机。有关学者已从提升技术效率（韩忠雪等，2014）、增强企业投资强度（文芳和胡玉明，2009）以及抑制研发费用操控（胡元木等，2016）等方面，印证了董事技术专长与企业创新活动的紧密联系，却未涉及对企业绩效的影响，导致现阶段在衡量技术专家型董事作用时，容易产生认知偏差（Hartly，2011）；以往研究对董事背景特征（文芳和胡玉明，2009）、董事会结构（孙月静和张文泉，2007）、会议次数（任海云，2011）、独立性程度（郑志刚和吕秀华，2009）等董事会属性是否影响企业绩效做出了大量贡献，但对二者之间的传导路径还留有继续探索的空间（李维安等，2009）。此外，目前鲜有文献结合我国董事会构成，探讨不同类型技术专家型董事对创新效率的作用路径。因此，逐步明晰技术专家型董事、创新效率与企业绩效三者间的理论逻辑与因果关系，结合不同类型董事的特征来验证技术专家型董事的创新驱动效应，具有重要的理论与实践意义。

综上所述，本节基于 SCP 研究范式[①]与高层梯队理论，首先从“技术专家型董事—创新效率—企业绩效”这一整体框架中，采用逐步法来验证创新效率的中介作用，试图打开技术专家型董事对企业绩效作用的“黑箱”，探究三者之间的作用机理。其次，鉴于在内部信息持有量与独立性层面存在差异，进一步分析不同类型技术专家董事对创新效率的作用机理；试图通过以上“整体—部分”两个层次来验证技术专家型董事的创新驱动作用。考虑到企业绩效衡量的全面性、动态性与时效性，本节同时选择短期的会计指标与长期的市场指标来测量；我国创新活动现状的确在一定程度上缩短了创新投入对创新效率与企业绩效间的滞后期限，因此本节采用当期的创新效率与企业绩效指标，考察技术专家型董事作用发挥的当期效应，由此验证技术专家型董事对创新效率与企业绩效的影响。本节尝试通过验证技术专家型董事的创新驱动效应，以期为在公司治理层面落实国家创新战略提供经验证据与理论支持。

6.1.1 理论分析与研究假设

本书第 2 章已经定义了技术专家型董事，本节在学术界理论研究的基础上，也对技术专家型董事进行进一步细分。鉴于我国集中的股权结构，董事会由以下三部分构成：执行董事，同时作为企业的经理层，结合治理与管理两部分；非执行董事，大多由大股东、上级单位或具有影响力的股东直接委派（陆正飞和胡诗阳，2015）；独立董事，由股东或者管理层从企业外选聘，理论上独立于大股东和管理者。因此，本节认为技术专家型董事也由技术专家型执行董事、技术专家型非执行董事、技术专家型独立董事三部分构成。然而，不同技术专家型董事在信息持有量与独立性上存在差异：技术专家型执行董事独立性最低，但获得的内部信息最多；与技术专家型执行董事相比，技术专家型非执行董事的独立性与获得的内部信息略少；而技术专家型独立董事的独立性最高，

① 该理论由哈佛大学创立并主要用于中观的产业经济研究，认为市场结构决定市场行为和市场绩效，遵循结构—行为—绩效的研究模式。由于研究逻辑相似，因此本节将宏观的研究范式切入到微观层面，构建了技术专家型董事—企业创新行为—企业绩效的研究框架。

获得内部信息却最少。也就是说董事会构成能够影响治理效果（陆正飞和胡诗阳，2015；Bol Tricker，1994）。

在万众创新的时代背景下，企业在竞争中获取优势的关键在于企业的创新能力（王雪莉等，2013）。以往文献往往以创新投入（Baysinger，1991；冯根福和温军，2008）、创新产出（周煊等，2012）、创新效率（肖仁桥等，2012；梁莱歆和马如飞，2009；韩晶，2010）来衡量企业的创新水平。一方面，研发投入的确影响企业的创新水平，但绝非充要条件（胡元木，2012），单用该指标衡量技术创新水平不够准确（周煊等，2012），同时，我国也确实存在研发投入快速增长，而企业创新水平未得到显著提高的现实问题（梁莱歆和马如飞，2009）；另一方面，专利虽然在一定程度上能够衡量技术创新（Acs，1989；Griliches，1991），并在 20 世纪 70 年代后被广泛作为技术创新的产出指标，而我国从 80 年代末开始实施产业政策，21 世纪后该干预明显加强，因此较难从专利指标来判断企业的创新动机究竟是实质性的还是策略性的（黎文靖和郑曼妮，2016）。仅从研发投入或产出分析，并不能全面准确地衡量我国企业的创新水平。创新效率综合了研发投入与产出两个方面，但之前研究多从省级（肖仁桥等，2012）、行业（梁莱歆和马如飞，2009；韩晶，2010）等宏观、中观的角度出发，缺乏与公司治理研究相匹配的微观支持。

关于企业绩效，学者在测量标准与测量时期的选择上不尽相同。首先，在测量标准层面，之前研究往往侧重于会计绩效或者企业价值某一方面，前者衡量了企业年度短期的经营状况，后者反映出企业的长期绩效。对于短期绩效而言，会计绩效度量指标各有优点与缺陷，仅使用一种指标易导致结论不稳健（李科和徐龙炳，2011）。比如 ROE 是证监会对上市公司 IPO、配股与 ST 考核的指标，虽具有权威性，但盈余管理却较为严重（陈小悦和徐晓东，2001）；希利（Healy，1992）与科尼特（Cornett，2007）认为相比于净利润，现金流量信息更难被管理层扭曲；EBIT 不仅盈余管理的成分较少（李广子和刘力，2010），且独立于公司财务杠杆，能够有效避免受非经常项目影响，指标可比性也更强。对于长期绩效来说，Tobin Q 作为衡量企业纵向成长能力的长期指标，包含了会计指标不具有的信息，可作为较好的补充。因此，王雪莉（2013）等指出，需要通过会计指标与市场指标对企业绩效进行综合评判。其次，基于测量时期层面，之前研究对于采用同年度（Haleblian and Finkelstein，1993）或是之后年度（Certo and Lester，2006）的财务绩效选择也不一致。

综上所述，本节首先将技术专家型董事看成一个整体，探究其与企业绩效间的传导机制是否是创新效率；其次，鉴于在内部信息持有量与独立性层面存在差异，进一步分析不同类型技术专家董事对创新效率的影响。本节试图通过以上两方面来验证技术专家型董事的创新驱动作用。考虑到企业绩效的全面性、动态性与时效性，本节选择不同层次的短期与长期指标来测量绩效。结合我国创新活动现状，即一方面，研发投入偏重研发周期较短的试验发展（白云飞和潘忠志，2015），另一方面，现阶段专利产出以技术模仿为主（卢馨等，2013），且申请专利的技术很可能在申请过程中就会对绩效产生影响（周煊等，2012），这在一定程度上缩短了我国创新效率与企业绩效间的滞后期限，因此本节分别采用滞后期与当期的创新效率与企业绩效指标，考察技术专家型董事作用发挥的时滞效应与当期效应，以期全面、动态地反映技术专家型董事对企业绩效的影响。

1. 技术专家型董事与企业绩效

高层梯队理论（upper echelons theory）首次统筹考虑了高管的个人特质、战略决策与企业绩效三者间的关系，认为高管团队的价值观、认知观影响企业的战略选择，最终作用于企业绩效（Hambrick and Mason，1984）。技术专家型董事凭借技术专长，不仅指导创新项目决策与资本整合（Belloc，2012），实现与其他董事的“协同”效应，而且受“专家效应”与“声誉效应”的激励（张斌和王跃堂，2014），对创新战略具有重大意义。凭借专业知识与经验，技术专家型董事可以扩大董事会的战略选择与决策范围，促进战略变革（Golden and Zajac，2001），通过提升方案的可行性，将潜在的战略选择转化为现实战略（Hillman and Dalziel，2003）。同时，技术专家型董事通过把握行业发展趋势，使企业采取与行业主流相匹配的战略（Haynes and Hillman，2010），降低创新失败的概率，并提升管理层的风险把控能力，协助其识别市场机会（April and Klein，1998），为企业发展赢得先机。也就是说，董事具有技术专长对企业创新战略意义重大，能够积极影响企业绩效。

此外，技术专家型董事在提高董事会监督水平的同时（胡元木等，2016），也具有建议功能，具体表现为顾问效应与网络效应（杨其静和杨继东，2008）。基于顾问效应视角，技术专家型董事作为重要的“边界扳手”（Pfeffer and Salancik，1978），帮助企业从外界获取关键资源，提供专家意见（Baysinger and Hoskisson，1990）。基于网络效应视角，技术专家型董事凭借专长与技术经验，建立起与其他技术专家、创新企业之间的关系网络，此优势不仅可以增强企业间的创新协作、降低交易成本，而且能够缓解不确定性因素对企业的约束，有利于企业抢占优质的创新项目。这在我国以“关系”为基础的社会中，能够有效提升企业绩效。综上所述，技术专家型董事不仅积极协助管理层实施高质量的战略决策，而且通过提供技能、经验、知识、信息等资源禀赋，最终对企业绩效产生积极影响。据此我们提出研究假设 1：

H1：在其他条件不变的情况下，技术专家型董事比例与企业绩效显著正相关。

2. 技术专家型董事与创新效率

创新效率取决于投入、产出两部分，创新活动特性的客观存在，往往使二者发生偏离。其一，创新产出受项目本身难易程度影响与技术、人员等特有风险的干扰，同时，收益的跨期性也加剧了创新活动中的委托代理问题（任海云，2010）。其二，作为企业发展的信号，创新活动的相关信息往往不想被竞争对手所获知，因而造成严重的信息不对称。其三，创新活动专业性强、复杂性高，往往只有专业人才才能发挥研发资金的最大效果（胡元木，2012）。

然而，技术专家型董事可以缓解创新活动特性带来的消极影响，在保证研发投入的同时，提高研发产出。一方面，针对研发活动中存在的委托代理问题与信息不对称，其能够借助自身优势，识别管理层对研发费用的操控（胡元木等，2016）；依靠多年的行业内经验，帮助管理层运用沉淀性冗余资源（如熟练工、闲置的机器设备），提高企业的资源利用效率（王亚妮和程新生，2014）；通过提供专业的咨询与建议，协助经理层制定适合企业发展的研发决策，保证研发投入的持续与稳定（文芳、胡玉明，2009；胡元木等，2016）。另一方面，技术专家型董事通过发挥专业优势，能够降低项目失败的风险，提高创新战略成功的可能性，促进企业的创新产出，尽可能使研发投入的收益最大化。总体来说，技术专家型董事通过发挥“专家效应”，降低了研发活动特性的消极影响，以此提高创新效率。据此我们提出研究假设 2：

H2：其他条件不变的情况下，技术专家型董事比例与创新效率显著正相关。

3. 创新效率的中介效应

延续高层梯队理论的内在逻辑，技术专家型董事对企业绩效既有直接的积极影响，也存在着间接联系。创新效率的提升能够积极影响企业的生产活动，使其更加注重设备更新与工艺改进，降低生产成本，也更加重视技术发展、过程管理以及质量管控，通过生产优质产品来提升企业品牌效应与竞争力（王雪莉等，2013）。同时，创新效率提高意味着企业创新实力增强，不仅能够提高研发相关负责人的声望、扩大关系网络范围、提升联系对象质量（孙俊华和陈传明，2009），从而促进创新活动的良性循环，也推动着研发部门更积极主动地挖掘市场机会，积极开发适应顾客需求与市场动向的新产品，扩大市场占有率。综上所述，技术专家型董事通过提供专业的建议与监督（胡元木等，2016）、优质的决策与资源（胡元木，2012；韩忠雪等，2014），能够增强管理层对风险的把控（April and Klein，1998），提升创新效率；而创新效率作为衡量企业核心竞争力的指标，代表企业的创新水平与内在潜能，是绩效增长的核心推动力与长期获利的重要支撑。绩效指标是企业盈利能力的体现，理应与创新效率同方向变化。因此，技术专家型董事能够通过提升创新效率，间接作用于企业绩效。据此我们提出研究假设 3：

H3：创新效率是技术专家型董事与企业绩效之间的中介变量，即技术专家型董事能够通过提升创新效率，进而提高企业绩效。

据此，本节的理论研究模型如图 6－1 所示，技术专家型董事的创新驱动作用主要从时滞效应（实线部分）出发，包含两个方面：其一是技术专家型董事通过提升创新效率，最终作用于企业绩效；其二是不同类型的技术专家型董事对创新效率皆有积极影响。考虑到创新效率时滞性较短的现状，在探讨创新效率中介作用时，对当期效应（虚线部分）也做了进一步检验。

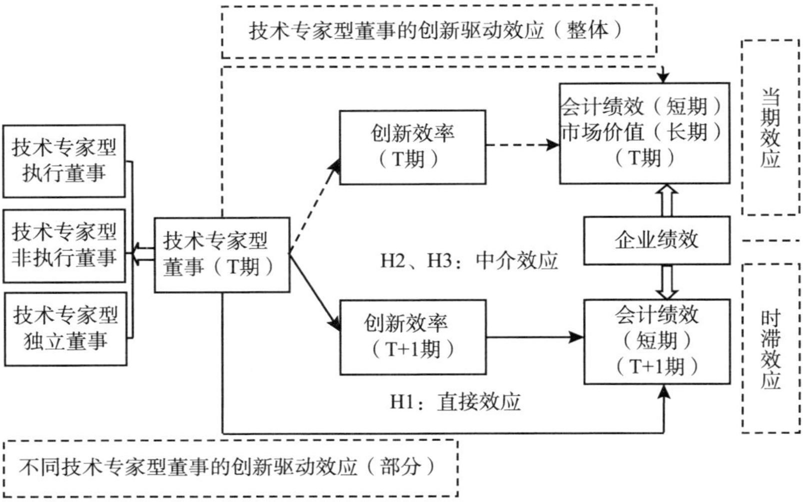

图 6-1　理论模型

6.1.2　研究设计

1. 研究样本与数据来源

2007 年我国上市公司执行新会计准则，为避免受会计准则变更影响，本节选择 2007～2013 年连续披露研发费用的企业作为初始样本。[①] 其中研发费用来自 Wind 数据库，技术专家型董事的数据手工收集于

---

① 样本选择的时间区间：本节选择 2007 年之后的样本，是由于 2007 实行新会计准则：一方面，财务数据的计量原则是一致的，更具有可比性；另一方面，我国对研发费用披露的要求提高，上市公司面临的制度环境是一致的。同时，考虑到创新活动的持续性与我国研发费用披露不完善的现实特点，因此，本节选择连续披露研发费用的企业作为初始样本。样本的行业分布：制造业与信息技术行业在初始样本中的比重高达 90%，而之前相关研究也反映了同样的现实状况，刘运国、刘雯（2007）研究了 2001～2004 年所有披露 R&D 投入的上市公司，在他们的数据中，制造业与信息技术行业的样本占全样本的比例为 86.97%。罗婷、朱青等（2009）考察 2002～2006 年数据后发现，制造业与信息技术行业的样本占全样本的比例为 89.4%。

CSMAR数据库，专利数据手工收集于中国知识产权网；市场化指数（MARKET）以及科技成果市场化（MTECA）、行业协会对企业的帮助程度（HIA）等指标，均来自樊纲等编制的《中国市场化指数：各地区市场化相对进程2011年报告》（樊纲等，2011）；其他治理与财务数据皆来自CSMAR数据库。由于本节需要进一步比较技术专家型董事创新驱动作用的时滞效应与当期效应，因此创新效率与企业绩效两项指标选择2007～2014年的数据。

对于初始样本，我们进行如下处理：（1）剔除各年度的ST、PT公司；（2）因截面回归要求每年度每个行业样本至少要达到10个，所以对没达到10个样本的行业进行必要的合并与删除；（3）剔除主要变量缺失的样本；（4）为控制极端值对检验结果带来的偏误，对连续变量进行Winsorize缩尾处理。根据上述标准，最终得到2638个样本。

2. 变量定义和度量

技术专家型董事是本研究中的自变量。本节将具有技术专长的董事界定为技术专家型董事。在之前文献的基础上（胡元木等，2016；张斌和王跃堂，2014），技术专长的判定标准包含学习经历、工作经历、职称评定、所获专利或奖励四个方面，董事如满足以上任何一项，即判断为具有技术专长。

在此基础上，根据董事会构成进一步细分技术专家型董事：独立董事为技术专家型独立董事；在上市公司担任高管技术专家型董事的为技术专家型执行董事；剔除技术专家型独立董事与技术专家型执行董事后，得到技术专家型非执行董事（陆正飞和胡诗阳，2015）。值得注意的是，对于仅承担董事会秘书职责的技术专家型董事，需进一步阅读简历来判断其归属类型。

创新效率为本研究的中介变量。[①] 衡量企业研发支出的指标主要分为绝对指标与相对指标，在本书的时间窗口中，2008年前后的全球性

---

① 达马普尔（Damanpour，1991）认为创新包括“技术创新”与“管理创新”两个层面，谢洪明等（2005）认为前者包含产品、制造过程与设备等，后者包括系统、政策、方案与服务。考虑到研究主题以及数据的可得性，本节侧重于分析技术专家型董事对“技术创新”的影响，在前人研究的基础上，本节创新效率聚焦于研发投入与产出两个方面。

经济危机对企业资产、收入、价值等影响较大。为避免因数据波动幅度过大而影响到相对指标的准确性，本节将研发费用的自然对数作为创新投入变量，专利数的自然对数作为创新产出变量，采用 DEA 方法①进行创新效率的测算。

企业绩效是本研究中的因变量。企业绩效指标应该全面、系统地对业绩进行合理评价，多个财务指标能从不同角度对企业绩效进行考察（苑泽明等，2010）。考虑到指标的真实性、可比性与权威性，本节选择以下三种财务指标作为企业绩效的替代变量：以现金流为基础的经营活动现金流量（CASH）、传统的财务指标——息税前利润（EBIT）、证监会的考核指标——净资产收益率（ROE）。同时为了对短期财务指标进行补充，在稳健性检验中选择代表长期绩效的 Tobin Q，做进一步检验。

在已有文献的基础之上，选取股权集中度（H5）、资产负债率（LEV）、投资支出（INVE）、企业规模（SIZE）、市场化指数（MARKET）作为本研究的控制变量，同时，为控制年度与行业的固定效应，在模型中加入年份（Year）、行业（Industry）虚拟变量。本节在实证分析中，控制了其他影响效率与绩效的因素。本节变量的定义和度量详见表 6 – 1。

表 6 – 1　　研究变量定义

变量类型	变量	变量定义与测量
因变量	CASH	（净利润 + 折旧 + 无形资产及其他资产摊销）/总资产
	EBIT	息税前利润/总资产
	ROE	净利润/所有者权益

① 目前在进行创新效率评估时，主要采用参数化分析与非参数化分析两种方式。前者以随机前沿分析（SFA）为代表，后者以数据包络分析（DEA）为代表。数据包络分析是用数学规划方法来评价输入与输出的决策单元（DMU）间的相对有效性，与随机前沿分析相比，它具有以下优势：无须预设生产函数及参数；能够进行多投入多产出的效率度量。而企业创新活动不仅难以确定其符合的生产函数，而且投入、产出的行为较为复杂。因此，本节适合运用 DEA 方法进行创新效率评价。

续表

变量类型	变量	变量定义与测量
中介变量	RDEF	创新效率，根据 DEA 测算出。投入量为 ln（研发费用），产出量为 ln（专利数）
自变量	TEDR	技术专家型董事比例，技术专家型董事人数/董事会人数
	TEDER	技术专家型执行董事比例，技术专家型执行董事人数/董事会人数
	TEDNER	技术专家型非执行董事比例，技术专家型非执行董事人数/董事会人数
	TEDIR	技术专家型独立执行董事比例，技术专家型独立董事人数/董事会人数
控制变量	H5	前 5 名股东持股比例平方和
	LEV	资产负债率，负债总额/总资产
	INVE	投资支出，构建固定资产、无形资产以及其他资产支付现金/总资产
	SIZE	公司规模，以 ln（公司资产）表示
	MARKET	因樊纲等（2011）的数据截止到 2009 年，本节借鉴杨兴全等（2014）的处理方法，推算 2010 年的指数等于 2009 年的指数加上 2007 年、2008 年、2009 年这三年相对于前一年指数增加值的平均数，以此类推

3. 实证模型构建与分析方法

本节借鉴社科研究领域运用的中介效应研究方法，采用巴伦和肯尼（Baron and Kenny，1987）所使用的逐步法（casual steps approach）对中介效应（mediation effect）进行验证。创新效率的中介作用成立需要满足以下条件：（1）企业绩效变量（perform）对技术专家型董事（TEDR）进行回归分析，其回归系数达到显著水平。（2）中介变量（RDEF）对自变量（TEDR）进行回归分析，其回归系数达到显著水平。（3）企业绩效（perform）对技术专家型董事（TEDR）与中介变量（RDEF）同时回归，中介变量（RDEF）的回归系数显著，技术专家型董事（TEDR）的回归系数变小。当技术专家型董事（TEDR）的回归系数为不显著时，则表明中介变量（RDEF）起到完全中介作用；当技术专家型董事（TEDR）的回归系数仍然显著时，说明中介变量（RDEF）起到部分中介作用。[①] 模型（6－1）~模型(6－3）将对上文的研究假设进行验证：

$$Perform = \alpha_0 + \alpha_1 TEDR + \alpha_2 Control + \varepsilon_1 \tag{6-1}$$

$$RDEF = \beta_0 + \beta_1 TEDR + \beta_2 Control + \varepsilon_2 \tag{6-2}$$

$$Perform = \gamma_0 + \gamma_1 TEDR + \gamma_2 RDEF + \gamma_3 Control + \varepsilon_1 \tag{6-3}$$

为了更好地说明模型（6－3）中技术专家型董事系数的确显著变小，本节进一步借鉴弗里德曼和沙茨金（Freedman and Schatzkin，1992）提出的判断中介变量效果的度量方法，观察在方程（6－1）与方程（6－3）中系数之差是否显著异于0。其统计量计算方法如下：

$$t_{N-2} = \frac{\beta_1 - \beta_2}{\sqrt{\delta_1^2 + \delta_2^2 - 2\delta_1\delta_2\sqrt{1-\rho_{xm}}}} \tag{6-4}$$

模型（6－4）中，β_1 与 β_2 分别代表方程（6－1）和方程（6－3）中技术专家型董事（TEDR）的回归系数，δ_1 和 δ_2 分别为 β_1 与 β_2 的标准差，ρ_{xm}为技术专家型董事（TEDR）与中介变量（RDEF）的相关系数，如果该指标通过显著性检验，则能说明创新效率（RDEF）的中介作用成立。在稳健性检验中，为了避免之前结果受第二类错误的影响，本节采用 Sobel 检验法与 Bootstrap 法，对中介效应进行进一步验证。当 Sobel 检验的 Z 值呈现显著时，表明中介效应显著。Bootstrap 采用非参数估计，当最终的 Bootstrap 置信区间不包含 0 值时，则能够说明中介效应显著不为 0。通过以上方法能够进一步验证中介效应的稳健性。

---

① 普里彻和哈耶斯（Preacher and Hayes，2008）认为应该放弃完全中介的概念，将所有中介看成是部分中介，而皮图奇、维塔克和斯泰普顿（Pituch，Whittaker and Stapleton，2005）也认为，完全中介的判定会排除探索其他中介效应的可能性。温忠麟等（2014）认为，赵等（Zhao et al.，2010）直接报告直接效应和间接效应是否显著的做法是可取的，本节也认同该观点。

6.1.3 实证结果分析

1. 样本描述性统计

本节通过描述性统计，初步探究变量的变化规律。基于全样本视角，从表6-2中我们可以得出以下结论：企业绩效存在一定差异，且中位数均小于平均数，说明超过一半企业的绩效水平要低于样本平均水平；RDEF最小值为0，最大值为0.862；超过一半的企业创新效率高于平均水平（中位数0.302 > 平均数0.293），但整体水平较低且差异较大。从图6-2（a）可以直观看出，设置技术专家型董事的企业数量在2010年之前增长幅度较大，在2011年达到顶峰后趋于稳定，这可能是由于2007年出台新会计准则后，研发费用的披露标准提高，因此企业对技术专家型董事也逐渐重视；而将图6-2（a）与图6-2（b）[①] 比较可以发现，虽然设置技术专家型董事的企业逐年增多，但样本的年度占比则一直维持在较为稳定的水平，也反映出我国企业对技术专家型董事的重视程度仍然不够。TEDR最大值为0.778，最小值为0，中位数为0.222，平均数为0.276，这从图6-3与图6-4中也能找到更为直观的证据：图6-3显示技术专家型董事比例的Kernel密度分布有偏，且主要集中在0.2附近；图6-4说明技术专家型董事比例的年度均值主要集中在0.25到0.3之间，即技术专家型董事在董事会占比仍然较低。

进一步分析不同类型技术专家型董事的分布情况。其一是基于设置企业的样本分布，更细致的数据显示，有59.1%的企业设置了技术专家型执行董事，34.6%的企业设置了技术专家型非执行董事，60.3%的企业设置了技术专家型独立董事。图6-2（a）中，设置三类董事的企业数量增长趋势大体一致，其中设置技术专家型独立董事与执行董事的

① 图6-2（a）中，TEDN、TEDEN、TEDNEN、TEDIN分别代表设置技术专家型董事、技术专家型执行董事、技术专家型非执行董事、技术专家型独立董事的企业的样本数，图6-2（b）中，TED%、TEDE%、TEDNE%、TEDIN%分别代表设置技术专家型董事、技术专家型执行董事、技术专家型非执行董事、技术专家型独立董事的企业的样本数占年度样本数的比例。

企业在数量增长方面具有较高的一致性，而设置技术专家型非执行董事的企业数量处于较低的增长水平；图6－2（b）表明，在去除年度影响的情况下，设置技术专家型独立董事与技术专家型执行董事的企业年度比例一致性较强，围绕在0.6的水平上下波动，而设置技术专家型非执行董事的年度样本比例在0.3与0.5之间，并且持续下降。其二是对技术专家型董事及其构成比例的分析，从图6－4中可以直观地发现，构成比例由高到低依次为技术专家型执行董事、技术专家型独立董事、技术专家型非执行董事，均值分别为0.128、0.088、0.060。其中，技术专家型独立董事占董事会比例最为稳定，这很有可能是受我国独立董事政策所影响。

表6－2　　变量描述性统计

变量名称	最小值	最大值	中位数	平均数	标准差
CASH	－6.941	22.714	6.481	7.184	4.728
EBIT	－8.074	24.433	5.581	6.365	5.185
ROE	－26.999	30.535	7.127	7.552	8.126
RDEF	0	0.862	0.302	0.293	0.247
TEDR	0	0.778	0.222	0.276	0.213
TEDER	0	0.556	0.111	0.128	0.141
TEDNER	0	0.444	0	0.060	0.099
TEDIR	0	0.333	0.111	0.088	0.084
H5	0.015	0.524	0.161	0.180	0.112
LEV	0.034	0.822	0.372	0.381	0.193
INVE	0.004	0.257	0.055	0.070	0.055
SIZE	19.702	25.078	21.391	21.543	1.037
MARKET	5.230	14.495	10.313	10.099	2.222

注：（1）CASH、EBIT、ROE、RDEF均为T＋1期；（2）企业绩效指标×100。

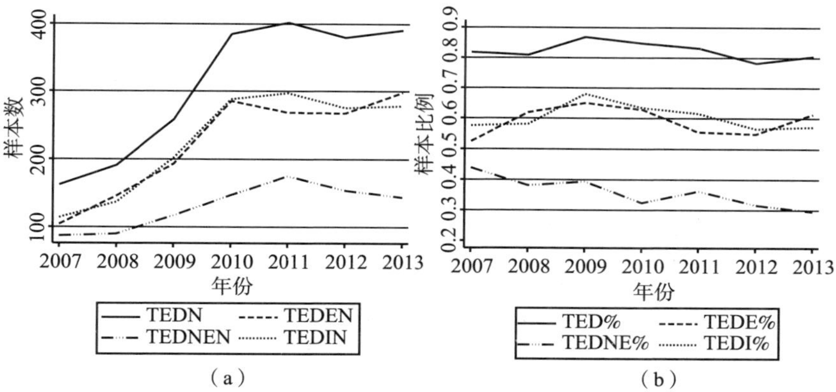

图 6－2　设置技术专家型董事企业的样本分布

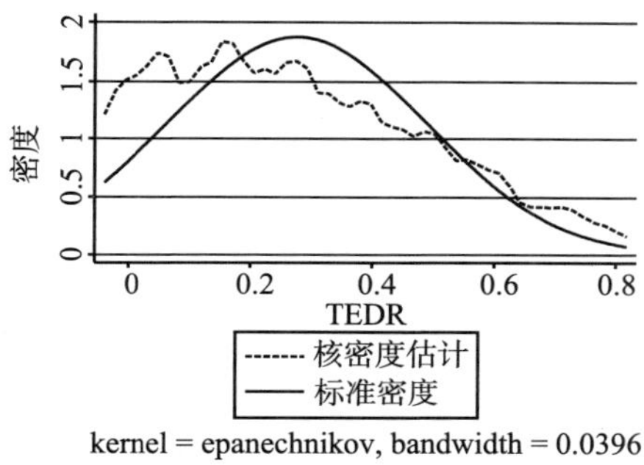

图 6－3　技术专家型董事的核密度估计

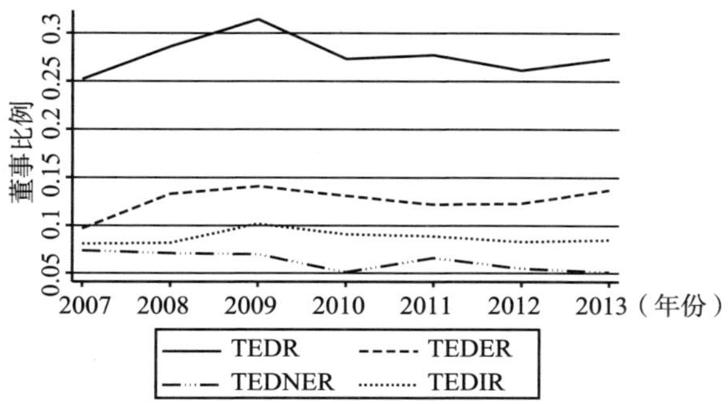

图 6－4　技术专家型董事及构成比例分析

2. 实证检验与结果分析

(1) 技术专家型董事与企业绩效中介效应检验——时滞效应。考虑到技术专家型董事对专利产出与企业绩效皆具有滞后性，表6-3中企业绩效与研发效率用相应下一年的数据，并按照巴伦和肯尼（Baron and Kenny，1987）的逐步法报告依次回归结果。模型（1）~模型(3)在控制影响企业绩效的主要变量后，报告了技术专家型董事对企业绩效的影响。实证结果显示，技术专家型董事与经营活动现金流量(CASH)、息税前利润（EBIT)、净资产收益率（ROE）的回归系数分别为0.764、1.021、1.438，其中TEDR与EBIT在5%显著性水平上显著，与CASH、ROE皆在10%显著性水平上显著。这表明，对于我国企业而言，通过提高技术专家型董事比例可以带来企业绩效增长，即董事具有技术专长对企业绩效具有正向影响，并且该影响的确具有时滞效应。本节提出的假设1得到证实，说明技术专家型董事对企业绩效提升具有直接影响，为进一步分析二者间的作用机制提供可能性。

表6-3 技术专家型董事与企业绩效中介效应回归结果（时滞效应）

变量	CASH	EBIT	ROE	RDEF	CASH	EBIT	ROE
	模型（1）	模型（2）	模型（3）	模型（4）	模型（5）	模型（6）	模型（7）
TEDR	0.764* (1.83)	1.021** (2.17)	1.438* (1.92)	0.075*** (3.32)	0.675 (1.62)	0.924** (1.97)	1.308* (1.74)
H5	1.985** (2.55)	2.122** (2.41)	4.005*** (2.85)	-0.046 (-1.08)	2.039*** (2.62)	2.181** (2.48)	4.084*** (2.91)
LEV	-8.485*** (-16.14)	-6.526*** (-11.00)	-7.136*** (-7.55)	-0.112*** (-3.93)	-8.353*** (-15.87)	-6.381*** (-10.75)	-6.943*** (-7.33)
INVE	0.798 (0.50)	-2.337 (-1.29)	-3.976 (-1.37)	0.180** (2.07)	0.584 (0.36)	-2.570 (-1.42)	-4.288 (-1.48)
SIZE	0.585*** (5.88)	0.544*** (4.84)	1.211*** (6.76)	0.048*** (8.97)	0.528*** (5.23)	0.482*** (4.23)	1.127*** (6.20)

续表

变量	CASH	EBIT	ROE	RDEF	CASH	EBIT	ROE
	模型（1）	模型（2）	模型（3）	模型（4）	模型（5）	模型（6）	模型（7）
MARKET	0.130*** (3.15)	0.121*** (2.58)	0.190** (2.54)	0.007*** (2.91)	0.123*** (2.96)	0.112** (2.40)	0.178** (2.39)
RDEF					1.185*** (3.29)	1.294*** (3.18)	1.733*** (2.67)
Constant	-1.999 (-0.94)	-2.738 (-1.14)	-15.397*** (-4.02)	-0.831*** (-7.21)	-1.014 (-0.47)	-1.663 (-0.69)	-13.957*** (-3.61)
Ind/Year	Yes	Yes	Yes	Yes	Yes	Yes	Yes
Adj R^2	0.145	0.096	0.063	0.081	0.148	0.099	0.065
F	29.00	18.40	12.11	15.61	28.03	17.97	11.84

注：（1）CASH、EBIT、ROE、RDEF 均为 T+1 期；（2）* $p<0.1$，** $p<0.05$，*** $p<0.01$；（3）N=2638。

模型（4）显示了在控制影响企业创新效率的主要变量后，技术专家型董事对企业创新效率的影响。实证结果显示两者间存在显著的正相关，回归系数为0.075，在1%显著性水平上显著。由于回归方程中RDEF中专利产出也是选择相应下一年的数据，说明技术专家型董事对创新效率的影响也具有时滞效应。本节提出的假设2得到证实。

模型（5）~模型(7）的回归结果为创新效率中介效应的验证提供有力支持，回归结果显示，通过在模型（1）~模型(3）的基础上加入创新效率变量，创新效率变量与企业绩效指标皆在1%的显著性水平上显著。同时，创新效率变量的加入使得技术专家型董事对企业绩效的正向影响有所降低，不仅回归系数有所降低，由0.764、1.021、1.438下降为0.675、0.924、1.308，并且对应的t值也有所下降，其中模型（5）在控制创新效率后，TEDR与CASH的回归系数t值小于1.65，即在统计上不显著。巴伦和肯尼（Baron and Kenny，1987）认为控制中介变量后，如果自变量对因变量的影响不显著，说明中介变量起到了完全中介作用，是中介效应存在最有力的证明。因此，创新效率在TEDR与

CASH之间起到较好的中介作用。然而TEDR与EBIT、ROE之间的系数虽有所降低，却仍旧显著。为避免回归结果受多重共线性影响，本节还进行了方差膨胀因子检验，发现VIF值均小于5，由此说明模型中的各变量并不具有多重共线性，回归结果稳健。因此，本节提出的假设3得到支持。

（2）技术专家型董事与企业绩效中介效应检验——当期效应。从我国现实情况分析，一方面，研发投资对企业绩效的爆发性较好而持久性较差（程宏伟等，2006），另一方面，专利往往在申请过程中就对企业绩效产生影响（周煊等，2012）。综合考虑来看，我国创新效率对企业绩效的滞后期较短，技术专家型董事能够提升研发投资与专利产出数量（韩忠雪等，2014），那么其是否也在一定程度上缩短了创新效率对企业绩效的滞后效应，从而对当期绩效也产生影响？因此，本节选择当期的创新效率与绩效指标，对技术专家型董事的当期效应进行验证。

表6－4反映了技术专家型董事对企业绩效当期效应的检验结果。模型（1）~模型(3）报告了技术专家型董事对企业绩效的影响。实证结果表明，技术专家型董事与CASH、EBIT、ROE的回归系数分别为0.808、1.111、1.469，其中TEDR与CASH在10%显著性水平上显著，与EBIT、ROE皆在5%显著性水平上显著。技术专家型董事对企业绩效的当期效应，无论在系数或显著性上，略高于时滞效应的结果，这反映了技术专家型董事对当期企业绩效的确具有显著的正向影响，也对我国研发投入对企业绩效爆发性较强的现象，从公司治理角度找到较为合理的解释。

表6－4　技术专家型董事与企业绩效中介效应回归结果（当期效应）

变量	CASH	EBIT	ROE	RDEF	CASH	EBIT	ROE
	模型（1）	模型（2）	模型（3）	模型（4）	模型（5）	模型（6）	模型（7）
TEDR	0.808* （1.94）	1.111** （2.34）	1.469** （1.97）	0.074*** （3.35）	0.732* （1.76）	1.030** （2.16）	1.375* （1.84）
H5	2.990*** （3.84）	3.345*** （3.76）	6.340*** （4.54）	－0.054 （－1.30）	3.044*** （3.91）	3.403*** （3.83）	6.408*** （4.59）

续表

变量	CASH	EBIT	ROE	RDEF	CASH	EBIT	ROE
	模型（1）	模型（2）	模型（3）	模型（4）	模型（5）	模型（6）	模型（7）
LEV	-9.487 *** (-18.06)	-7.812 *** (-13.02)	-6.003 *** (-6.37)	-0.115 *** (-4.09)	-9.371 *** (-17.80)	-7.688 *** (-12.79)	-5.859 *** (-6.20)
INVE	6.695 *** (4.16)	4.598 ** (2.50)	7.601 *** (2.64)	0.122 (1.42)	6.572 *** (4.09)	4.466 ** (2.43)	7.448 *** (2.58)
SIZE	0.721 *** (7.24)	0.672 *** (5.91)	1.386 *** (7.77)	0.048 *** (9.02)	0.673 *** (6.66)	0.620 *** (5.38)	1.326 *** (7.32)
MARKET	0.130 *** (3.13)	0.126 *** (2.66)	0.166 ** (2.24)	0.006 *** (2.92)	0.123 *** (2.97)	0.119 ** (2.51)	0.158 ** (2.13)
RDEF					1.009 *** (2.76)	1.083 *** (2.60)	1.258 * (1.92)
Constant	-5.169 ** (-2.43)	-5.361 ** (-2.21)	-20.751 *** (-5.44)	-0.869 *** (-7.63)	-4.292 ** (-2.00)	-4.420 * (-1.80)	-19.658 *** (-5.10)
Ind/Year	Yes	Yes	Yes	Yes	Yes	Yes	Yes
Adj R^2	0.173	0.125	0.075	0.090	0.175	0.127	0.076
F	35.56	24.49	14.43	17.39	34.00	23.49	13.81

注：(1) CASH、EBIT、ROE、RDEF 均为 T 期；(2) $*p<0.1$，$**p<0.05$，$***p<0.01$；(3) N=2638。

模型（4）的实证结果表明，技术专家型董事对当期创新效率的回归系数为0.074，且在1%的水平上显著。模型（5）~模型(7）验证了当期的创新效率在技术专家型董事与当期企业绩效之间的中介效应。可以发现，在控制创新效率后，创新效率变量与CASH、EBIT皆在1%的显著性水平上显著，与ROE在10%的显著性水平上显著；与此同时，TEDR与CASH、EBIT、ROE的回归系数降低，对应的t值有所降低，但依旧显著。此外，为避免回归结果受多重共线性影响，本节还进行了方差膨胀因子检验，发现VIF值均小于5，说明模型中的各变量并不具有多重共线性，回归结果稳健。

技术专家型董事与企业绩效的中介效应检验结果表明，对于具有技术专长的董事而言，其通过提升创新效率，对企业绩效起到积极影响。考虑到我国创新活动时滞性较短的现状，本节通过实证检验，发现创新效率的传导作用不仅具有时滞效应，也具有当期效应。

为进一步验证创新效率的传导效果是否达到统计上的显著性，本节使用弗里德曼等（Freedman and Schatzkin，1992）的方法对中介变量效果进行统计性检验，从表6－5中可以发现，时滞效应与当期效应中的中介变量皆通过显著性检验。通过进一步量化中介作用可以看出，当企业绩效分别以CASH、EBIT、ROE进行替代时，在时滞效应中，创新效率中介作用占总效应的比例分别为11.606%、9.478%、9.013%，在当期效应中，中介作用占总效应的比例分别为9.328%、7.280%、6.397%。由此说明，创新效率在技术专家型董事与企业绩效之间的传导作用得到进一步验证。表6－5也显示出，相比于当期效应，时滞效应中的创新效率在技术专家型董事与企业绩效间的传导效果更显著、中介效应占总效应的比重也更高。而对于我国的创新投入引发企业绩效爆发性增长的现象，有可能是受技术专家型董事创新驱动作用所影响。

表6－5　　中介变量T值检验与中介效应占总效应比重

因变量	时滞效应		当期效应	
	T值检验	中介效应占总效应比重（%）	T值检验	中介效应占总效应比重（%）
CASH	2.84***	11.606	2.42**	9.328
EBIT	2.75***	9.478	2.27**	7.280
ROE	2.31**	9.013	1.68*	6.397

注：（1）时滞效应中的因变量与RDEF均为T＋1期；当期效应中以上变量均为T期。（2）* $p<0.1$，** $p<0.05$，*** $p<0.01$。

3. 稳健性测试

为提高研究结论的可靠性，我们对研究结果也进行了一系列稳健性测试，如下所示。

（1）在综合考虑我国资本市场的特殊情况与我国学者对国内企业绩效的研究后，本节在稳健性检验中选取衡量企业绩效的长期维度指标——Tobin Q，以此来验证创新效率是否在技术专家型董事与企业长期绩效之间发挥中介作用。

$$
\begin{aligned}
\text{Tobin Q} &= \text{企业的市场价值/企业资产的重置成本} \\
&= (\text{流通股市值} + \text{非流通股市值} + \text{负债账面价值})/ \\
&\quad \text{期末总资产的账面价值}
\end{aligned}
$$

该指标反映出用两种方法估计企业资产价值间的比值，兼具理论性与实践可操作性，不仅使投资者能够更好地评价企业的价值增长情况，也能够更为清晰地预测企业的发展潜力与市场价值。当以 Tobin Q 作为衡量企业长期绩效指标时，创新效率中介作用的当期效应依旧成立，不仅逐步法通过检验，而且中介效应显著性 T 检验为 2.36，在 5% 显著性水平上显著。但时滞效应却不明显，这可能是由于我国研发投入与专利产出对企业绩效时滞性本身就较短，技术专家型董事的创新驱动作用进一步缩短了创新投入与创新产出的时间间隔，而 Tobin Q 指标本身度量企业的长期绩效，因此采用滞后的长期绩效指标难以捕获到创新效率的传导作用。

（2）考虑自选择引发的内生性偏差。叶康涛等（2007）认为，聘请董事会成员之所以存在着内生性问题，是因为企业设置董事并非随机分布，可能会受企业个体特征的干扰。因此本节采用 PSM 方法，试图解决企业在设置技术专家型董事时可能存在的“自选择偏倚”和“混淆偏倚”，以提高研究结论的可靠性和准确性。本节认为，董事会规模（BOARD）与实际控制人类型（STATE）会影响技术专家型董事设置，同时，对模型中的控制变量进行 Logit 回归，最终确定股权集中度（H5）、资产负债率（LEV）、投资支出（INVE）、市场化指数（MARKET）、董事会规模（BOARD）、实际控制人类型（STATE）作为协变量。通过对样本总体采用核匹配方法，得到表 6-6 样本总体的平均处理效应（ATT），发现设置技术专家型董事能够显著提升当期绩效与相应下一年度的创新效率、企业绩效，再次证明了本节结论具有较强的稳健性，也为技术专家型董事的创新驱动作用提供了进一步的佐证。

表 6－6　　样本总体的平均处理效应

	变量名称	样本	处理组	控制组	ATT	S. E.	T－stat
时滞效应（T+1 期）	RDEF	匹配前	0.299	0.264	0.035	0.013	2.79***
		匹配后	0.299	0.265	0.034	0.014	2.45***
	ROA	匹配前	4.890	4.640	0.250	0.248	1.01
		匹配后	4.895	4.443	0.452	0.269	1.68*
当期效应（T 期）	RDEF	匹配前	0.292	0.269	0.023	0.013	1.85*
		匹配后	0.292	0.270	0.021	0.014	1.53
	ROA	匹配前	5.482	4.907	0.576	0.251	2.30**
		匹配后	5.479	4.752	0.727	0.256	2.83***

注：（1）ROA＝净利润/总资产；（2）“匹配前”指未进行 PS 值配对前的样本，“匹配后”指进行“核匹配”之后的样本；（3）“处理组”和“控制组”分别表示设置技术专家型董事与未设置技术专家型董事的企业；（4）* $p<0.1$，** $p<0.05$，*** $p<0.01$；（5）$N=2599$。

同时，研究发现，匹配后的当期绩效依旧显著，但当期的创新效率显著性有所降低。本节认为，这主要是受我国企业创新活动现状的影响。企业通过各种盈利指标来考核研发投入的产出绩效，一定程度上增强了研发投入对绩效的爆发性；而专利指标的滞后性却更明显，这是因为，即使技术改进已经对企业绩效产生作用，但提出专利申请还存在一定的时间间隔，以上双重影响导致了相对于当期的创新效率，技术专家型董事对当期绩效的提升作用更加明显。

（3）中介效应 Sobel 和 Bootsrap 稳健性检验。如前文所述，为进一步验证创新效率在技术专家型董事与企业绩效之间的中介作用，本节采用 Sobel 检验法与 Bootstrap 法进行变量之间的关系分析。Sobel 检验 Z 值的计算公式如下：

$$Z=\frac{ab}{\sqrt{a^2S_b^2-b^2S_a^2}}$$

其中，a 表示 TEDR（自变量）对 RDEF（中介变量）的非标准化系数，S_a 是对应的标准误差；b 表示 RDEF（中介变量）对企业绩效（因变量）影响的非标准化系数，S_b 是对应的标准误差。

通过 Bootstrap 法的置信区间对 Sobel 结果进行进一步验证。表 6－7 列示了创新效率中介效应稳健性检验的分析结果，Sobel 检验与 Bootstrap 置信区间结果一致，较好地支持了之前的结论。

表 6－7　　　　创新效率中介效应的稳健性检验

因变量	时滞效应			当期效应		
	Sobel 检验	Bootstrap（95% 置信区间）		Sobel 检验	Bootstrap（95% 置信区间）	
		下限（P）	上限（P）		下限（P）	上限（P）
CASH	2.336**	0.448279	1.934221	2.134**	0.407527	1.800280
EBIT	2.297**	0.361983	2.097738	2.055**	0.280616	2.012437
ROE	2.081**	0.233959	9.654176	1.668*	0.155766	3.202954
TOBINQ	1.343	−5.397977	32.971487	2.103**	7.569481	49.216800
ROA	2.347**	0.373942	2.068613	2.091**	0.312529	1.775502

注：（1）时滞效应中的因变量与 RDEF 均为 T+1 期，当期效应中以上变量均为 T 期；（2）P 代表百分位置信区间（Pencentile confidence interval）；（3）* $p<0.1$，** $p<0.05$，*** $p<0.01$。

（4）其他稳健性检验。

第一，考虑地区因素。市场化指数中包含了文化、政策、制度发展等诸多难以被量化的因素，本节已将其作为控制变量加入，以期控制不同时期的经济发展水平。但不同省份可能因地域文化、政府政策不同，对企业创新活动的态度存有差异。首先，本节控制企业所在的省份，得到的结果依旧稳健；其次，考虑到省份发展程度之间存有差异，选择上海、广东、浙江、江苏、福建、北京、天津、山东八个省（市）作为发达地区，赋值为1，其他为不发达地区，赋值为0，控制住该因素得到的结果依旧稳健。

第二，标准差调整。考虑到同一个行业的企业可能会因受到相同的政策影响而自相关，本节将行业作为聚类变量（cluster variable）重新回归，期望模型能够提供更为稳健的标准误，实证结果依旧稳健。

第三，样本调整。考虑到之前在样本处理中对每年不满 10 家的公司进行剔除与合并，可能会对样本结果产生影响，因此本节在初始样本基础上，只是剔除主要变量缺失的样本，所得到的结果仍然支持本节的结论。

6.1.4 处理内生性问题的实证结果

本节已从理论与实证两个角度验证了“技术专家型董事—创新效率—企业绩效”间的因果关系，即技术专家型董事通过提升创新效率，显著提高了企业绩效。本节为更细致地验证技术专家型董事对创新的驱动效应，在控制内生性问题后，探讨不同类型技术专家型董事对创新效率的影响。

首先，技术专家型执行董事拥有更多的内部信息与工作时间。作为联系公司治理与管理两个范畴的传导中心，技术专家型执行董事能够直接管理创新战略的制定与执行（Hambrick and Mason，1984），更加重视企业的创新投入（Baysinger and Kosnik，1991）；作为研发团队的领导者，通过提供创新活动的内部信息，使董事会更好地发挥监督作用；作为具有创新精神的管理者，能够捕捉企业的技术发展动态，促进企业创新氛围的形成（韩忠雪等，2014）；而技术专家型执行董事也更有动机去提升创新效率，以此获得经济收益与晋升机会。其次，技术专家型非执行董事的信息持有量高于技术专家型独立董事，独立性高于技术专家型执行董事。考虑到我国股权集中的现状，非执行董事大多是大股东或者具有影响力的股东委派的全职监督人员，或者自己本身就是上市公司股东（陆正飞和胡诗阳，2015），其对上市公司了解更深入、与管理层之间的信息不对称程度更低。因此，技术专家型非执行董事作为股东受托人，对管理层的监督动机强，受到的掣肘少，能够更直接地代表股东利益。最后，独立董事虽然获得的内部信息较少，但相对于其他独立董事，其优势在于，凭借对专业技术的了解以及对相关业务的敏感，能够抑制管理层操控研发费用，提高董事会整体的监督能力（胡元木等，2016）；利用专业技术知识作为桥梁，与其他具有技术专长的董事沟通交流（樊钱涛和韩英华，2008），发挥协同效应与组合优势（胡元木，2012；张斌和王跃堂，2014），从而对创新效率产生积极影响。

由于技术专家型董事估计量的异质性依赖于严格外生假设，而创新效率较高的企业或许会有更强的动机来提高企业中技术专家型董事的比例，因此，该反馈机制造成的内生性问题，可能会造成技术专家型董事的估计量有偏。本节利用 Durbin – Wu – Hausman（DWH）方法对不同专家型董事进行内生性检验，并且按照菲斯曼和塞文森（Fisman and Sevensson，2007）提出的构造分组平均值作为工具变量（IV）的思路，选取不同类型技术专家型董事比例的行业—省份均值作为工具变量。以表 6 – 8 模型（1）中的 TEDER 为例，其可以被分解为两个部分：$TEDER = TEDER_{avg} + TEDER_{spc}$，其中 $TEDER_{avg}$ 代表企业所在行业—省份技术专家型执行董事比例的均值，$TEDER_{spc}$ 表示企业技术专家型执行董事比例与行业—省份均值的差异。上述分解可以使企业层面非观测因素所造成的影响只与 $TEDER_{spc}$ 有关，$TEDER_{avg}$ 与 TEDER 有关但又与非观测因素不相关，因此是 TEDER 合适的 IV。值得注意的是，不同类型的技术专家型董事选择不同的 IV。模型（2）中 TEDNER 的 IV 为 $TEDNER_{avg}$，模型（3）中 TEDIR 的 IV 为 $TEDIR_{avg}$、股权制衡度 Z 以及技术专家型独立董事津贴 $TEDI_{comp}$。模型（1）、模型（2）、模型（3）检验不同专家型董事对创新效率的影响，模型（4）、模型（5）、模型（6）、模型（7）验证不同技术专家型董事对创新效率的重叠效应，其中工具变量选择与模型（1）、模型（2）、模型（3）中内生变量对应的 IV 一致，如模型（4）的工具变量会选择 $TEDER_{avg}$ 与 $TEDIR_{avg}$。

表 6 – 8　　　　工具变量的回归结果：2SLS

变量	不同技术专家型董事对创新效率的影响			不同技术专家型董事重叠效应检验			
	模型（1）	模型（2）	模型（3）	模型（4）	模型（5）	模型（6）	模型（7）
TEDER	0.365 *** (3.28)			0.336 *** (2.99)		0.405 *** (3.62)	0.378 *** (3.35)
TEDNER		0.349 ** (2.43)		0.287 ** (1.97)	0.362 ** (2.54)		0.289 ** (2.00)
TEDIR			0.212 *** (2.68)		0.182 ** (2.26)	0.053 (0.59)	0.041 (0.45)
H5	–0.022 (–0.52)	–0.065 (–1.51)	–0.047 (–1.12)	–0.041 (–0.94)	–0.069 (–1.59)	–0.021 (–0.48)	–0.040 (–0.89)

续表

变量	不同技术专家型董事对创新效率的影响			不同技术专家型董事重叠效应检验			
	模型（1）	模型（2）	模型（3）	模型（4）	模型（5）	模型（6）	模型（7）
LEV	-0.103 *** (-3.55)	-0.118 *** (-4.11)	-0.112 *** (-3.93)	-0.106 *** (-3.64)	-0.115 *** (-4.00)	-0.101 *** (-3.47)	-0.104 *** (-3.56)
INVE	0.170 * (1.92)	0.169 * (1.92)	0.182 ** (2.10)	0.151 ** (1.70)	0.158 ** (1.79)	0.164 (1.85)	0.145 (1.63)
SIZE	0.047 *** (8.62)	0.049 *** (9.08)	0.049 *** (9.04)	0.048 *** (8.75)	0.050 *** (9.15)	0.047 *** (8.56)	0.048 *** (8.69)
MARKET	0.006 *** (2.83)	0.008 *** (3.30)	0.006 *** (2.74)	0.008 *** (3.27)	0.008 *** (3.33)	0.006 *** (2.84)	0.008 *** (3.28)
Constant	-0.900 *** (-7.42)	-0.915 *** (-7.42)	-0.866 *** (-7.28)	-0.960 *** (-7.67)	-0.944 *** (-7.64)	-0.914 *** (-7.53)	-0.973 *** (-7.78)
Ind/Year	Yes	Yes	Yes	Yes	Yes	Yes	Yes
Adj R^2	0.057	0.068	0.077	0.055	0.065	0.048	0.046
F	15.20	15.07	15.29	14.50	14.58	14.70	14.08

注：（1）因变量 RDEF 均为 T+1 期；（2） *p<0.1， **p<0.05， ***p<0.01；（3） N=2638。

通过检验发现，DWH 统计量均显著，说明了进一步采用 IV 估计的必要性。继而对选择的 IV 进行相关性条件与外生性条件的检验，结果表明所选 IV 符合各检验。因此，表 6-8 中模型（1）、模型（2）、模型（3）报告了在控制内生性问题后，TEDER、TEDNER、TEDIR 对创新效率的影响，皆在 1% 的显著性水平上显著。模型（4）、模型（5）、模型（6）与模型（7）分别将任意两类董事与全部三类董事同时放入模型，结果发现，TEDER 在模型（4）、模型（6）、模型（7）中均在 1% 的显著性水平上显著，且系数均大于其他类董事；TEDNER 在模型（4）、模型（5）、模型（7）中均在 5% 的显著性水平上显著，且系数介于 TEDER 与 TEDIR 之间；TEDIR 仅在模型（5）中，即只控制 TEDNER 时，是在 5% 的显著性水平上显著，而在模型（6）、模型（7）中并不显著。这可能由于我国独立董事是由管理层聘请，存在着“人情董事”的现象，往往“不求有功，但求无过”，并不会公开质疑管理层，所以在模型中控制 TEDER 时，会导致自身作用被遮掩。同时也发现，模型（5）、模型（6）、模型（7）在控制 TEDIR 后，TEDER 与 TEDNER 的系数均大于模型（4）中的系数，这或许是因为董事间的作用发挥具有重叠效应，而技术独立董事的作用可能被另两类所吸收，导致自身显著性下降。

正如前文所述，不同技术专家董事也存在自选择问题，而马达拉（Maddala）提出两阶段处理效应模型，能够校正由自选择引起的内生性问题，使估计结果更加可靠。对于每家企业 i 来说，存在两种潜在的结果（$RDEF_{1i,t}$，$RDEF_{0i,t}$），$RDEF_{1i,t}$代表企业 i 自愿设置技术专家型董事的创新效率，$RDEF_{0i,t}$代表企业 i 没有设置技术专家型董事的创新效率，$RDEF_{1i,t}$与 $RDEF_{0i,t}$之差即为处理效应。而现实中企业只可能存在设置或者没有设置技术专家型董事这两种潜在状态中的一种。因此，本节基于处理效应，通过引入选择模型，来表示不同企业自愿设置不同技术专家型董事的概率，及其对创新效率的影响，即由选择模型得出自选择系数 λ，再将 λ 代入第二阶段创新效率的回归模型。

需要注意的是，技术专家型执行董事（TEDE）、技术专家型执行董事（TEDNE）、技术专家型独立董事（TEDI）均为虚拟变量，并根据不同类型董事选择不同的特征变量。本节选用第一大股东持股（FIRST）、科技成果市场化（MTECA）、行业协会帮助程度（HIA）、企业成长性（GOA）、企业性质（STATE）、董事会规模（BOARD）、投资支出（INVE）、市场化指数（MARKET）、行业年度变量作为企业是否设置 TEDE 的特征变量，选用行业协会帮助程度（HIA）、企业成长性（GOA）、企业性质（STATE）、董事会规模（BOARD）、投资支出（INVE）、市场化指数（MARKET）、行业年度变量作为企业是否设置 TEDNE 与 TEDI 的特征变量。

从表6－9实证结果可知，λ 的系数均显著，说明企业设置 TEDE、TEDNE、TEDI 与创新效率之间确实存在自选择问题，支持了使用处理效应模型的必要性。在控制内生性问题后，发现企业设置技术专家型执行董事、非执行董事、独立董事均在1%的置信水平上与创新效率显著正相关，与之前的分析一致。综上所述，通过工具变量法与处理效应模型，稳健地验证了不同类型技术专家型董事对创新效率的积极影响，从“部分”的角度再次验证了技术专家型董事的创新驱动作用。

表 6-9　不同技术专家型董事对创新效率的影响：处理效应模型

变量	Probit TEDE	RDEF	Probit TEDNE	RDEF	Probit TEDI	RDEF
TEDE		0.382*** (3.08)				
TEDNE				0.183*** (2.68)		
TEDI						0.277*** (3.33)
FIRST	-0.004* (-1.95)					
MTECA	-0.024** (-2.47)					
HIA			-0.019* (-1.75)		0.012 (1.10)	
GOA	0.233*** (3.72)		0.127** (2.06)		0.141** (2.31)	
STATE	-0.017 (-0.28)		0.366*** (6.01)		-0.190*** (-3.19)	
BOARD	0.010 (0.57)		0.061*** (3.35)		0.099*** (5.55)	
H5		0.027 (0.49)		-0.037 (-0.88)		-0.017 (-0.39)
LEV		-0.095*** (-3.21)		-0.116*** (-4.04)		-0.098*** (-3.38)
INVE	0.982** (2.03)	0.010 (0.08)	1.522*** (3.09)	0.112 (1.15)	1.667*** (3.43)	-0.006 (-0.05)

续表

变量	Probit TEDE	RDEF	Probit TEDNE	RDEF	Probit TEDI	RDEF
SIZE		0.046*** (8.30)		0.042*** (7.32)		0.045*** (8.21)
MARKET	-0.026* (-1.92)	0.011*** (3.54)	-0.004 (-0.28)	0.009*** (3.40)	-0.012 (-0.91)	0.007*** (2.59)
Constant	1.179*** (4.46)	-1.172*** (-6.83)	-0.411 (-1.59)	-0.832*** (-6.82)	-0.456* (-1.80)	-0.968*** (-7.41)
Ind/Year	Yes	Yes	Yes	Yes	Yes	Yes
λ		-0.224*** (-2.92)		-0.110*** (-2.62)		-0.158*** (-3.05)
Wald x^2		259.18		313.15		250.75

注：（1）因变量 RDEF 均为 T+1 期；（2）$*p<0.1$，$**p<0.05$，$***p<0.01$；（3）N=2599。

6.2　技术专家型执行董事驱动企业创新的作用路径分析

创新活动作为国家经济发展的源动力，居于国家发展的核心地位。企业作为创新主体，为宏观层面的经济增长奠定了坚实的微观基础。因此，企业的技术创新活动受到政府、企业自身和学术界的广泛关注。党的十八大提出创新驱动发展战略，从国家层面肯定了创新活动的价值。基于企业层面，较高的技术创新效率不仅可以使企业获得核心能力，也会对企业下一期发展产生积极影响①，最终提高企业绩效。

中外学者对于创新活动的研究已经注意到公司治理的作用，但现有的公司治理分析往往聚焦于如何通过激励与监督机制来解决因两权分离

① 逻辑基于尼尔森和温特（Nelson and Winter，1982）的演化经济理论：将经济发展看成是 Markov 过程，即某一个行业在某一个时期的状况将会决定其下一期状况的概率分布。企业 R&D 活动也是一个动态的发展过程，企业当前较高的 R&D 效率会对下一期产生积极影响，有利于企业保持长期的竞争优势。

而产生的代理问题。由于现实中存在信息不对称与契约不完全，公司治理对委托代理问题是否存在最优解令人质疑。回归到现实经济中，公司要想保证高效长远地发展，就需要具有核心竞争力，而核心竞争力来源于持续不断的创新。值得注意的是，我们不忽视公司治理的基本职能——保证股东的利益，而为了保证股东利益，我们首先需要确保公司能够持续发展。奥沙利文（O'Sulivan，2000）和拉让尼克（Lazonick，2003）在比较美、德两国公司治理结构演变史的基础上，在公司治理领域中提出了一种基于企业创新，将公司治理、创新与经济发展置于一个分析框架的组织控制理论。同时，党印（2012）发现，利于创新的公司治理体制，可以使企业的发展更具有持续性。以上研究反映出公司治理注重创新的发展趋势。因此，公司治理作为企业的基本运行制度，在发展过程中应该重视企业性质中的创新性，推动企业的创新与价值创造。与此同时，董事会作为公司治理的核心战略作用逐渐增强。在高层梯队理论和资源依赖理论的基础之上，随着对董事会异质性研究逐渐细化与深入，中外学者基于不同角度实证检验了技术专家型董事在企业中的技术引领与推动作用。虽然之前学者做了大量值得肯定的工作，但仍存在不足之处。首先，未结合董事会结构特征深入探讨技术专家型董事对创新活动的作用。其次，在探讨技术专家型董事与效率关系时没有处理隐含的内生性问题。最后，对技术专家型董事、创新效率与企业绩效之间的关系尚未形成统一的认识。

针对上述问题，本节以董事会结构与职业背景相结合的研究视角，借鉴 SCP 研究范式与心理学中广泛应用的中介效应的研究方法，将技术专家型董事、R&D 效率与企业绩效放在统一的框架内进行研究。结合高层梯队理论、资源依赖理论与我国现实背景，基于公司治理视角来探讨微观企业层面的创新驱动，这在当前新常态背景下具有重要的理论与现实意义。本节的贡献主要集中在以下几方面：首先，结合高层梯队理论、资源依赖理论以及以创新为基础的公司治理理论，肯定了技术专家型执行董事对研发活动的重要作用，并以我国 2007 ~ 2013 年的上市公司作为研究样本，通过手工搜集的相关数据肯定了技术专家型执行董事对 R&D 效率与企业绩效的重要作用，并且验证了 R&D 效率的中介作用。其次，与之前研究较多地关注独立董事的作用发挥不同，本节充分考虑了研发活动的特殊性与我国的现实背景，采用“技术专家型执行董事—行为后果—企业绩效”的研究范式，借鉴心理学中介效应的研究方法，探究技术专家型执行董事可能的作用机制。最后，本节处理了前人没有考虑到的设置技术专家型执行董事与R&D效率之间的内生性问题，使研究结果更加稳健可靠。本节的研究丰富了关于董事会结构以及董事会治理机制的学术文献，也为今后建立支持创新的公司治理机制提供了新的经验证据与启示。

6.2.1　理论分析与研究假设

1. 董事会结构与技术专家型执行董事

董事会由股东选举产生并代表其监督管理层。因此，不同的股权结构会对董事会作用机制产生不同的影响。英美国家股权较为分散，独立董事的比例成为衡量董事会治理效果的重要指标。在公司治理领域，我国以往的研究也较多地关注独立董事的治理效果。胡元木（2012）和韩忠雪（2014）分别采用DEA和SFA方法，实证检验了技术独立董事对R&D效率的积极影响，肯定了技术独立董事在我国的积极作用。但结合董事会结构、董事会异质性以及研发活动的特殊性，技术专家型执行董事是否对研发活动有更加重要的影响呢？

特里克（Tricker）认为，董事会结构与公司的权利均衡相关，直接影响到董事会的绩效与责任承担，是董事会真正发挥作用的基础。从董事会角度分析，作为公司治理的核心，董事会连接公司股东与管理层，并对战略管理、组织结构、企业文化起到重要作用。由于我国股权集中度较高，我国上市公司董事会通常由三部分构成：执行董事、股东董事、独立董事。其中，执行董事是董事会与管理层的重合，股东董事是股东与董事会的重合，独立董事由管理层从企业外选聘。独立董事的设置初衷是为了限制代理问题，但结合我国的现实情况，独立董事的遴选、连任与薪酬制定往往由控股股东与管理层主导，存在“人情董事”现象。而对独立董事的激励也存在着“独董薪酬悖论”：薪酬过多会影响其独立性，过少则起不到激励作用。并且，独立董事都是兼职工作，以上这些都使独立董事监督约束的实际效力大大减弱。而股东董事往往是大股东或者二股东委派的全职监督人员，或者自己就是上市公司股东，虽具有较强的监督动机，但股东董事并非负责具体工作，与技术专家型执行董事相比仍旧存在信息不对称的现象。执行董事作为联系公司治理与管理两个范畴的传导中心，不仅在董事会成员的决策职能中参与公司治理，同时作为企业内部的高层管理者，在具体的管理职位中执行董事会的决议。因此，执行董事对企业的真实发展情况最具有发言权。

熊彼特（1934）最早提出了企业的创新性，认为以企业为主体的创新活动是经济进化的发动机。他将创新定义为一种新的生产函数，可以将生产要素与生产条件的“新组合”引入生产体系，而能实现新组合职能的人被称为“企业家”。党印、鲁桐（2014）认为，熊彼特定义的企业家在现实生活中更接近于创业家，突出了“企业家”的创新职能。但是，本节认为，在实际公司中技术专家型执行董事可以通过支持研发创新的战略决策，实现“新组合”，提高企业 R&D 效率，进而提高企业绩效。本节认同董事会结构对董事会发挥作用有积极影响。但是，董事会中成员功能性异质性（包括掌握的与工作相关的知识技能、工作经验与背景等）对董事会作用的发挥也具有重要作用。汉布瑞克和梅森（Hambrick and Mason，1984）提出的高层梯队理论（Upper Echelons Theory），提供了团队异质性研究的理论工具。根据高层梯队理论，董事不同的技能背景、认知基础与态度会对战略选择和企业绩效产生影响。同时根据资源依赖理论，董事会成员的行业经验、职能经验等资源会对企业成长与发展产生重大作用。综上所述，基于高层梯队理论与资源依赖理论，董事如果具有相关的工作经验与技术职能背景，不仅会增强董事会的异质性，对问题的解决提供更广阔的视角，而且具有技术背景的董事对外部环境变化具有更高的敏感性，具有识别研发机会、获取关键性资源的能力，更有可能将资源转化为生产力。在上述影响下，董事会也将更加重视研发投入与 R&D 效率。

2. 技术专家型执行董事、R&D 效率与企业绩效

企业研发活动需要人力要素与资本要素双重投入，二者缺一不可。人力资本是企业核心竞争力形成与保持的重要战略资源，其本质作用在于驱动创新产出能力。卢馨（2013）实证发现，人力资本对创新产出的驱动作用大于研发投入。因此，企业只有协调好人力、物力等资源才能带来经济效应，提高企业创新能力（Belloc，2011）。我国学者也开始

关注人力资本，特别是技术专家型董事在 R&D 活动中的作用。汪延明等（2012）认为技术专家型董事作为董事会中的技术专家，在董事会和企业研发团队中具有很强的专家效应。胡元木（2012）肯定了技术独立董事对 R&D 产出效率的积极作用。韩忠雪等（2014）肯定了技术高管对技术效率的促进作用。本节将细化研究，深入探讨技术专家型执行董事如何影响企业的 R&D 效率与企业绩效。

本节认为，技术专家型执行董事的作用路径可归纳为两部分。其一是技术专家型执行董事被正式制度制约，不仅承担咨询、战略谋划职能，还具有执行战略的职能；其二则是被非正式制度特性所驱使，在尊重我国特有的国情背景与文化下，基于普费弗和萨兰西克（Pfeffer and Salancik，1978）的资源依赖理论，技术专家型执行董事可以凭借自身具有的经验、专业技能、声誉，以及自身关系网络等社会资本会对企业发展有积极影响。首先，技术专家型执行董事作为董事会成员，具有发表对企业研发活动看法的合法性权力。同时其自身具备的技术技能与专业背景可以增强技术专家型执行董事对企业技术问题与发展方向的话语权：技术专家型执行董事可以根据实际情况，提出在人力资本、研发支出等资本要素上加大投入，引入新的生产技术等建议，或者凭借拥有的专业优势、信息优势对企业研发活动产生积极影响。其次，技术专家型执行董事作为某一专业领域的专家，往往具有一定社会资本，如技术资源、人际网络与丰富的经验等，因此对技术问题指导的专业性更强，对企业研发的未来方向规划更明确，对前沿技术脉络把握更清晰，以上都可以提高企业研发资金的利用率。个别在专业领域具有杰出贡献的技术专家型执行董事，其声誉可为企业带来更好的发展机会，有利于本企业抢占更优质的创新项目，形成企业的核心竞争力。此外，杰出的技术专家型执行董事会凭借自身的个人特质与领导魅力，更好地促进企业中技术创新氛围与文化的形成。作为管理层，技术专家型执行董事薪酬与企业紧密相关。在支持创新的公司治理架构下，技术专家型执行董事通过提升 R&D 效率提高企业绩效，不仅为自己在声誉市场上增加筹码，也可以通过研发活动获得可观的收益与晋升的机会。

在我国现有制度背景下，技术专家型执行董事作用发挥有一部分还来源于规制因素：履行法律义务、履行职务义务以及规避法律与声誉风险。首先是技术专家型执行董事对法律义务的履行。我国公司法规定董事会的职能包括“制定方案”，即董事会有权决定“公司的经营计划与投资方案”，所以技术专家型董事可以通过影响战略决策来发挥职能。其次是技术专家型执行董事对职务义务的履行。李维安（2005）指出，“董事职务归根结底要由有行为能力的自然人担任，并与其他成员一道通过诚信尽责和有效率的工作，实现股东利益的最大化”。最后是技术专家型执行董事对法律风险与声誉风险的规避。我国公司法规定：“董事应当对董事会的决议承担责任。董事会决议违反法律、行政法规或者公司章程、股东大会决议，致使公司遭受严重损失的，参与决议的董事对公司负赔偿责任，但经证明在表决时曾表明异议并记载于会议记录的，该董事可以免除责任。”当技术专家型执行董事所履职的公司发生重大问题时，所产生的负面影响不仅会损害技术专家型执行董事声誉，严重时会使技术专家型执行董事受到法律的严惩。因此，技术专家型执行董事发挥主观能动性不仅存在内在动机，也具有外在约束。

之前学者往往聚焦于 R&D 投入。但需要特别指出的是，由于 R&D 活动风险性强，研发过程本身具有探索性与创造性，并受到研发项目的难易程度、环境的不确定性、高管对研发的态度以及技术人员自身能力的影响。与此同时，R&D 活动还有特有的风险，如技术风险和人员风险（任海云，2010）。其中技术风险主要是指当今科学技术的快速发展缩短了技术的生命周期，企业研发的项目有可能在未带来效益之前就被更先进的技术代替。而人员风险主要是指关键技术人员流失将会给企业的研发创新能力带来较严重的负面影响，关键技术骨干的流失不仅会带走原企业有关核心项目的信息技术，如果技术人员流入到竞争企业，将会给本企业带来更大的威胁。此外，研发活动的收益的不确定性、跨期性也加重了委托代理问题。因此，从逻辑链条来说，研发投入只是影响 R&D 产出效率的重要因素绝非充分条件，创新水平更多地取决于 R&D 产出效率（胡元木，2012）。只有研发投入真正转化为生产力，提高企业 R&D 效率，最终才能获得企业绩效。因此，我们提出如下假设：

H1：其他条件不变情况下，设置技术专家型执行董事的公司，企业绩效较高。

H2：其他条件不变情况下，设置技术专家型执行董事的公司，企业 R&D 效率较高。

H3：R&D效率是技术专家型执行董事与企业绩效关系的中介变量，即技术专家型董事能够通过提升企业的R&D效率，进而提升企业绩效。

6.2.2 研究设计

1. 研究样本与数据来源

2007年我国上市公司全面执行新会计准则，为了保证研发数据披露的规范与准确性，本节选择在2007～2013年连续披露研发费用的公司（不包含创业板）作为研究对象。由于我国现行会计制度并没有强制上市公司披露研发支出，样本数据初步统计发现，在所有披露研发费用的上市公司中，制造业与信息技术行业的样本占总样本比重约90%。[①] 一方面因为制造业在我国上市公司比重较大，另一方面，随着对研发活动的重视，越来越多的上市公司主动披露研发费用，因此，本节选择2007～2013年制造业与信息技术行业作为初始研究样本。

本节研发费用来自Wind数据库，技术专家型执行董事的数据手工收集于CSMAR数据库，专利数据来源于万方数据库与中国知识产权网。市场化指数总得分以及行业协会对企业的帮助程度指标来自樊纲、王小鲁、朱恒鹏编制的《中国市场化指数：各地区市场化相对进程2011年报告》。本节所使用的其他治理与财务数据来自CSMAR数据库，使用的统计分析工具为Stata 13.0。对于初始数据，我们进行如下处理：第一，剔除各年度的ST、PT公司；第二，剔除缺失各应计模型必要数据的公司；第三，截面回归要求每年度每个行业样本至少要达到10个，对没达到10个样本的行业进行必要的合并与删除。行业分类是引用证监会的行业分类，其中制造业（C类）细分到次类。第四，为了控制极端值对检验结果带来的偏误，连续变量在5%与95%分位数上进行Winsorize缩尾处理。根据上述标准，最终得到2640个样本。

① 刘运国、刘雯（2007）研究了2001～2004年所有披露R&D投入的上市公司，在他们的数据中，制造业与信息技术行业的样本占据全样本的86.97%。罗婷、朱青等（2009）对2002～2006年数据研究发现，制造业与信息技术行业的样本占据全样本的比例约为89.4%。

2. 变量定义和度量

（1）企业绩效。目前的研究中，对于企业绩效的考核主要使用反映公司运用全部资产获取利润的能力的总资产收益率（ROA）。[①]

（2）技术专家型执行董事。首先，从 CSMAR 数据库中筛选董事会人员简历，根据以下三个原则来判断是否具有技术背景：一是在董事简历中显示该名董事拥有研发和技术岗位的工作经历、学习经历，或毕业于技术性较强的专业；二是董事资料中披露的董事职称，该职称要与本身所处行业相关（工程、医学、生物制药）；三是该董事曾经或现在仍然在相关技术行业协会担任负责人。上述原则至少满足一项，则可以判断该名董事为技术专家型董事。其次，根据董事会结构，只有与管理层重合的并担任上市公司企业具体高管职务的技术专家型董事才是技术专家型执行董事。值得注意的是，在筛选简历时，若技术专家型董事仅负责董事会秘书职责，则不能将其划分为技术专家型执行董事，只有通过简历能判断出该名具有技术背景的董事担任除董事会秘书之外的管理性职责时，才可判断为技术专家型执行董事。设置技术专家型执行董事（EXE）为 1，否则为 0；技术专家型执行董事比例（EXER）为技术专家型执行董事占董事会人数的比例。

（3）R&D 效率。衡量企业研发支出的指标主要分为绝对指标与相对指标，在本书的时间窗口中，2008 年前后发生的全球性经济危机对企业资产、收入、价值等影响较大。为避免以上数据波动幅度较大从而影响相对指标的准确性，本节采用绝对指标，拟用研发支出的自然对数作为投入变量，将专利数自然对数作为研发产出变量。最后采用 DEA 方法进行 R&D 效率测算。

（4）控制变量。影响技术创新效率与企业绩效的因素有很多，技术专家型执行董事的设置只是其中的一部分。为了使实证研究结果更加准确，在实证分析过程中需要对其他影响效率与绩效的因素加以控制。在已有文献的基础之上，本章选取股权集中度（H5）、资产负债率（LEV）、投资支出（INNV）、企业规模（SIZE）、现金持有水平

---

① 经济附加值（EVA）是税后净营业利润与资本成本之差，我国股权成本不一定真实反映实际情况。徐莉萍认为我国股票价格高度波动与高换手率会导致 Tobin Q 存在偏差，因此较少使用上述指标衡量企业绩效。

（CASH）、市场化指数（MARKET）作为控制变量，同时，本节为了控制年度与行业的固定效应，加入了年份、行业虚拟变量。

此外，从计量学角度分析，不同时期同一个地区之间的扰动项在一般情况下会存在自相关，使统计分析得出的结果不稳健。虽然本节通过市场化指数（MARKET）对不同经济发展水平进行控制，但是考虑到研发活动的特殊性，不同地区对待研发活动的态度可能会因地域文化不同而有差异，此外，研发活动受政策影响也较大。因此，本节通过以地区（REGION）为聚类变量（Cluster Variable），使模型可以提供更为稳健的标准误。本节变量的定义和度量详见表 6－10。

表 6－10　　　　研究变量定义

变量类型	变量	变量定义与测量
因变量	ROA	总资产收益率
中介变量	RDEF	R&D 效率，根据 DEA 测算出。投入量为 LN（研发费用），产出量为 LN（专利数）
自变量	TEXE	是否设置技术专家型执行董事，为虚拟变量。设置则为 1，否则为 0
	TEXER	技术专家型执行董事比例，技术专家型执行董事/董事会总人数
控制变量	H5	前 5 名股东持股比例平方和
	LEV	资产负债率，负债总额/总资产
	INVE	投资支出，构建固定资产、无形资产以及其他资产支付现金/总资产
	SIZE	公司规模，以 ln（公司资产）表示
	MARKET	因樊纲等（2011）的数据截止到 2009 年，2010 年的指数等于 2009 年的指数加上 2007 年、2008 年、2009 年这三年相对于前一年指数增加值的平均数，以此类推
聚类变量	REGION	上市公司注册地。地区划分按照《中国市场化指数：各地区市场化相对进程 2011 年报告》

3. 实证模型构建

本节借鉴心理学与社科研究领域运用的中介效应研究方法，根据巴伦和肯尼（Baron and Kenny，1987）的逐步法（casual steps approach），检验中介效应（mediation effect）是否成立。模型（6－5）~模型(6－7）和模型（6－8）~模型(6－10）将对上文的研究假设进行验证（图6－5是相对应的路径图）。

$$ROA = \alpha_0 + \alpha_1 TEXE + \alpha_2 Control + \varepsilon \qquad (6-5)$$

$$RDEF = \beta_0 + \beta_1 TEXE + \beta_2 Control + \varepsilon \qquad (6-6)$$

$$ROA = \gamma_0 + \gamma_1 TEXE + \gamma_2 Control + \varepsilon \qquad (6-7)$$

$$ROA = \alpha_0 + \alpha_1 TEXER + \alpha_2 Control + \varepsilon \qquad (6-8)$$

$$RDEF = \beta_0 + \beta_1 TEXER + \beta_2 Control + \varepsilon \qquad (6-9)$$

$$ROA = \gamma_0 + \gamma_1 TEXER + \gamma_2 Control + \varepsilon \qquad (6-10)$$

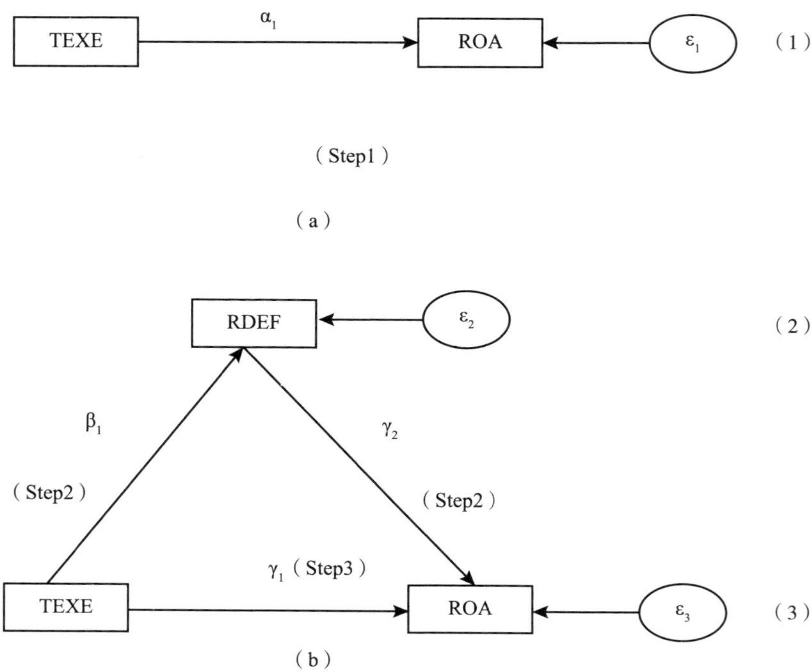

图6－5 中介变量示意图

根据巴伦和肯尼（Baron and Kenny，1987）的逐步法：

第一步，图6－5中Step 1中的系数 α_1 显著，继续进行第二步检验；否则，停止逐步检验。即检验技术专家型执行董事（TEXE）对企业绩效（ROA）的总效应。

第二步，依次检验图6－5中 β_1 和Step 3中的 γ_2 是否显著，哈耶斯（Hayes，2009）又将该步骤称为联合显著检验（test of joint significance），其中 β_1 为自变量（TEXE）对中介变量（REDF）的效应；γ_2 为中介变量（REDF）对因变量（ROA）的效应。如果 β_1、γ_2 都显著，则中介效应显著，继续第三步检验；否则，停止逐步检验。

第三步（Step3），检验是部分中介还是完全中介。检验图6－5中Step 3中 γ_1 的系数，γ_1 代表在控制中介变量（REDF）后，自变量技术专家型执行董事（TEXE）对因变量（ROA）的影响。γ_1 显著，则表示部分中介；γ_1 不显著，则表示完全中介。

其中，γ_1 是自变量（TEXE）对因变量（ROA）的直接效应，中介效应等于间接效应（indirect effect），数值上等于 β_1 与 γ_2 二者的乘积。而总效应是直接效应与中介效应（间接效应）之和。尽管有些学者对逐步法产生怀疑，但是温忠麟、叶宝娟（2014）在对不同的中介效应方法与模型分析比较后指出，依次检验只是更不容易得到中介效应显著。他们特别指出的是，当中介效应可以通过依次检验证实，那么检验力低的问题将不再存在，甚至好过Bootstrap（另一种用来检验中介效应的方法）的结果。

6.2.3　实证结果分析

1. 描述性统计

根据样本数据，我们对主要变量进行初步描述性统计，探究变量初步变化的规律。基于全样本视角，从表6－11中，我们可以得出以下结论：（1）ROA最大值为0.221，最小值为－0.097，不同企业之间还是存在一定差异；并且由于ROA中位数（0.048）小于平均数（0.054），这说明超过一半的企业的总资产收益率要低于样本平均水平。（2）RDEF

最小值为0，最大值为0.866；虽然超过一半的企业R&D效率大于企业均值（0.298 >0.288），但整体水平较低，且差异较大。（3）TEXE为虚拟变量，平均数即代表有59.1%的样本设置了技术专家型执行董事。从表6－12中我们可以发现，设置技术专家型执行董事的公司随着时间的推移而逐渐增多。当然，这种增加一部分源自披露研发费用的公司，即我们可观测到的样本数增多。但是，设置技术专家型执行董事公司的增长速度要大于不设置技术专家型董事公司的增长速度，2013年设置技术专家型执行董事的公司是2007年的近3倍，但对于没有设置技术专家型执行董事的公司来说，2013年数量仅是2007年的2倍。（4）TEXER最大值为0.556，最小值为0，中位数为0.111，平均数为0.128。可以从图6－6中看出技术专家型执行董事比率的核密度分布估计情况，技术专家型执行董事比率主要集中在0.02附近，且比率越大，出现的可能越小。这说明我国技术专家型执行董事占董事会的人数还是较少。

表6－11　　主要变量描述性统计分析

变量名称	观测样本	最小值	最大值	中位数	平均数	标准差
ROA	2640	－0.097	0.221	0.048	0.054	0.049
RDEF	2640	0	0.866	0.298	0.288	0.245
TEXE	2640	0	1	1	0.591	0.492
TEXER	2640	0	0.556	0.111	0.128	0.141
H5	2640	0.015	0.524	0.161	0.180	0.112
LEV	2640	0.034	0.822	0.372	0.381	0.193
INVE	2640	0.004	0.257	0.055	0.070	0.055
SIZE	2640	19.702	25.078	21.39	21.542	1.037
MARKET	2640	5.230	14.495	10.313	10.098	2.221

表 6－12　　技术专家型执行董事年度样本分布

年份	无技术专家型执行董事	有技术专家型执行董事	年度样本数
2007	94	104	198
2008	90	146	236
2009	104	193	297
2010	169	285	454
2011	215	268	483
2012	219	267	486
2013	188	298	486
合计	1079	1561	2640

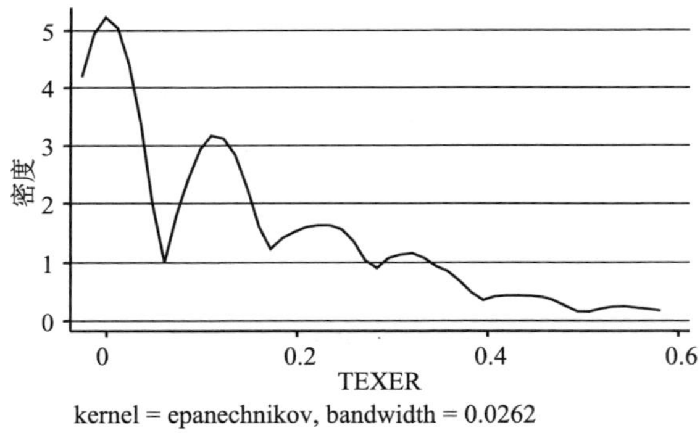

图 6－6　技术专家型执行董事核密度估计

表 6－13 按照是否设置技术专家型执行董事对样本进行分类，通过变量统计与组间检验，样本特征如下：（1）从企业绩效（ROA）与 R&D 效率（RDEF）来看，有技术专家型执行董事的企业二者都会较没有技术专家型执行董事的公司要高，说明技术专家型执行董事的存在一定程度上提高了 R&D 效率与企业绩效。（2）有技术专家型执行董事的样本公司，无论是均值还是中位数，股权集中度都要小于没有设置技术专家型执行董事的公司。（3）值得关注的是，从外部环境角度分析，有技术专家型执行董事的样本公司对应的市场化指数反而显著低于没有设置技术专家型执行董事的样本公司。也就是说，所处的地区市场化指

数较低时，观察到的样本公司设置技术专家型执行董事的概率反而更大，这种现象究竟因何而来？因为区域与市场化指数联系紧密，本节试图通过 Pearson 检验（见表 6－14）与以 REGION 划分的样本分布（见表 6－15）尝试回答这个问题。

表 6－13　　技术专家型执行董事分类的组间检验

变量名称	无技术专家型执行董事		有技术专家型执行董事		组间检验
	均值	中值	均值	中值	中值 Z 检验
ROA	0.050	0.046	0.056	0.050	3.462 *
RDEF	0.275	0.266	0.297	0.315	6.622 **
H5	0.185	0.171	0.177	0.154	10.798 ***
LEV	0.379	0.377	0.382	0.368	0.566
INVE	0.069	0.053	0.071	0.056	2.146
SIZE	21.549	21.44	21.537	21.365	1.920
MARKET	10.239	10.565	10.001	10.14	8.289 ***
OBS	1079	1079	1561	1561	

注：* $p<0.1$，** $p<0.05$，*** $p<0.01$。

表 6－14　　主要变量间 Pearson 相关矩阵

变量	ROA	RDEF	TEXE	H5	LEV	INVE	SIZE	MARKET	REGION
ROA	1								
RDEF	0.038 *	1							
TEXE	0.062 ***	0.044 **	1						
H5	0.093 ***	0.022	－0.032	1					
LEV	－0.370 ***	0.005	0.007	－0.002	1				
INVE	0.060 ***	－0.004	0.024	0.008	－0.041 **	1			
SIZE	－0.096 ***	0.174 ***	－0.006	0.141 ***	0.471 ***	－0.079 ***	1		
MARKET	0.044 **	0.085 ***	－0.053 ***	0.009	－0.170 ***	0.063 ***	－0.102 ***	1	
REGION	－0.017	0.018	0.086 ***	－0.051 ***	0.01	0.029	－0.042 **	－0.408 ***	1

注：* $p<0.1$，** $p<0.05$，*** $p<0.01$。

表 6－15　设置技术专家型执行董事（TEXE）样本数分地区统计

REGION	TEXE 0	TEXE 1	样本数	设置技术专家型执行董事公司数与所在地区样本数之比
1 北京市	85	96	181	0. 530
2 天津市	10	23	33	0. 697
3 河北省	14	23	37	0. 622
4 山西省	7	10	17	0. 588
5 内蒙古自治区	6	1	7	0. 143
6 辽宁省	7	16	23	0. 696
7 吉林省	28	12	40	0. 300
8 黑龙江省	7	13	20	0. 650
9 上海市	65	45	110	0. 409
10 江苏省	108	185	293	0. 631
11 浙江省	191	242	433	0. 559
12 安徽省	59	86	145	0. 593
13 福建省	56	44	100	0. 440
14 江西省	16	29	45	0. 644
15 山东省	71	121	192	0. 630
16 河南省	30	59	89	0. 663
17 湖北省	21	37	58	0. 638
18 湖南省	25	60	85	0. 706
19 广东省	184	243	427	0. 569
20 广西壮族自治区	9	4	13	0. 308
21 海南省	6	5	11	0. 455
22 重庆市	1	14	15	0. 933
23 四川省	31	100	131	0. 763
24 贵州省	13	12	25	0. 480

续表

REGION	TEXE 0	TEXE 1	样本数	设置技术专家型执行董事公司数与所在地区样本数之比
25 云南省	15	26	41	0.634
26 西藏自治区	0	5	5	1.000
27 陕西省	11	16	27	0.593
28 甘肃省	3	34	37	0.919
合计	1079	1561	2640	0.591

根据表6－14 变量之间的相关系数检验，我们可以发现：（1）技术专家型执行董事（TEXE）与公司绩效（ROA）也是相关性在1%的置信区间上显著，为我们展开深入讨论提供了可能。因为如果技术专家型执行董事（TEXE）与公司绩效（ROA）之间都不相关，也就没有继续探讨中介作用的必要性。（2）从我们关注的主要变量三者之间的关系可以发现，技术执行东董事（TEXE）与 R&D 效率（RDEF）之间是显著相关的；同时，R&D 效率（RDEF）与公司绩效（ROA）之间也是相关的。这在一定程度上说明中介效应存在的可能性。（3）通过对市场化指数（MARKET）与区域（REGION）的分析，发现市场化指数对企业绩效、R&D 效率、技术专家型执行董事设置都有影响；然而区域因素与企业绩效、R&D 效率并不存在相关性，但与技术专家型执行董事设置显著相关。那么，以 REGION 分类，我们的样本分布又有什么样的特征呢？

通过表6－15 我们可以发现，根据 REGION 划分，样本一共包括28个分类。可以观察到样本中存在异常值，设置技术专家型执行董事样本占所在地区所有样本数超过90%的有三个：重庆市、西藏自治区、甘肃省，其中西藏自治区竟然达到100%。这就解释了之前在表6－13 组间检验中出现的异常现象。并且这三个地区的共同点是都在西部地区，或许由于存在幸存者偏差（survivorship bias）的现象导致。因为经过样本筛选，在上述地区所能观察到的上市公司本身就少，分别为15家、5家、37家，而能被我们观察到的该地区的上市公司一定是业绩优良、治理结构更加合理完善的，作为一家披露研发费用的上市公司（即该公司有研发活动)，设置技术专家型执行董事的概率更大。但根据 PSM 的原理，只要继续观察我们可以发现，这个理由或许是存在的，但不充分。我们可以找出与以上三个地区样本公司数量最相近的地区，分别是广西壮族自治区、内蒙古自治区、河北省，样本数分别为 13 家、7 家、37 家。设置技术专家型执行董事样本数与所在地区所有样本数之比为 0.308、0.143、0.622。特别是内蒙古与西藏，匹配程度更高，相近的区域、相近的样本数，但是设置技术专家型执行董事的比例相差 85.7%。因此，本节认为，地区因素中包含着诸多因素，比如说文化、政策、制度发展等难以被量化的指标，增加了一个地区内企业的自相关程度。可见，本节将地区（REGION）作为聚类变量（cluster variable）是十分可靠的，使模型可以更为稳健。

2. 中介效应主要模型回归分析

首先，我们对比了对 REGION 聚类前后的分析结果，聚类之后的 R^2 与 F 值（方差齐性检验）都有不同程度的提高，即提高了模型的拟合优度与解释效力。并且不论聚类与否，模型（6 – 5）~ 模型(6 – 7)、模型（6 – 8）~ 模型(6 – 10）的中介效应都被验证。

其次，根据表 6 – 16 的实证结果有如下分析：模型（1）中，技术专家型执行董事设置与企业绩效在 5% 的置信水平上显著，说明了设置技术专家型执行董事对企业绩效的积极促进作用。而 R&D 效率是否能够作为中介变量，成为技术专家型执行董事对企业绩效的作用机制，这需要进一步的验证。

表 6 – 16　　技术专家型执行董事创新驱动路径检验

	(1) ROA	(2) RDEF	(3) ROA		(4) ROA	(5) RDEF	(6) ROA
TEXE	0.007 ** (2.45)	0.023 * (1.80)	0.006 ** (2.31)	TEXER	0.025 ** (2.07)	0.092 * (1.72)	0.024 * (1.97)
RDEF			0.010 * (1.72)	RDEF			0.010 * (1.73)

续表

	(1) ROA	(2) RDEF	(3) ROA		(4) ROA	(5) RDEF	(6) ROA
H5	0.034 ** (2.19)	-0.051 (-0.58)	0.035 ** (2.24)	H5	0.035 ** (2.19)	-0.048 (-0.55)	0.036 ** (2.23)
LEV	-0.110 *** (-9.35)	-0.118 *** (-3.39)	-0.109 *** (-9.37)	LEV	-0.109 *** (-9.31)	-0.116 *** (-3.30)	-0.108 *** (-9.34)
INVE	0.037 ** (2.15)	0.125 (0.79)	0.036 * (2.05)	INVE	0.039 ** (2.17)	0.129 (0.81)	0.038 ** (2.07)
SIZE	0.008 *** (3.69)	0.048 *** (5.10)	0.007 *** (3.59)	SIZE	0.008 *** (3.60)	0.048 *** (5.02)	0.007 *** (3.51)
MARKET	0.001 (1.68)	0.006 (1.42)	0.001 (1.55)	MARKET	0.001 (1.58)	0.006 (1.37)	0.001 (1.47)
Constant	-0.066 * (-1.79)	-0.886 *** (-4.88)	-0.057 (-1.62)	Constant	-0.063 (-1.67)	-0.875 *** (-4.72)	-0.055 (-1.51)
Ind	Yes	Yes	Yes	Ind	Yes	Yes	Yes
Year	Yes	Yes	Yes	Year	Yes	Yes	Yes
R^2	0.205	0.094	0.207	R2	0.206	0.095	0.208
N	2640	2640	2640	N	2640	2640	2640
F	76.32	50.80	69.32	F	79.43	56.73	72.89

注：(1) * $p<0.1$，** $p<0.05$，*** $p<0.01$；(2) 模型（1）~模型(6) 都将 REGION 作为聚类变量。

模型（2）中技术专家型执行董事和模型（3）中的 R&D 效率都通过了显著性检验，即验证了 R&D 效率中介作用的实现。然而，逐步法最后一步是验证中介效应是完全中介还是部分中介。对此，普里彻和哈耶斯（Preacher and Hayes，2008）认为应该放弃完全中介的概念，应将所有中介看成是部分中介。虽然巴伦和肯尼（Baron and Kenny，1987）认为完全中介是中介效应存在最有力的证明。但皮图奇等（Pituch et al.，2005）完全中介的确定排除了探索其他中介效应的可能性。温忠麟等（2014）认为，赵等（Zhao et al.，2010）直接报告直接效应和间接效应是否显著的做法是可取的。本节也认同该观点。表 6-16 模型（2）中技术专家型执行董事对于 R&D 效率是显著的，并且模型（3）中对于企业绩效，控制了技术专家型执行董事的作用之后，R&D 效率对于企业绩效的作用仍然是显著正相关的，这就说明了中介作用，也就是间接作用的存在。随后，我们还可以发现，在模型（3）中技术专家型执行董事的系数也是显著为正的，这说明在控制中介变量即 R&D 效率之后，技术专家型执行董事对企业绩效的直接作用还是存在的。所以说，本节稳健地验证了 R&D 效率的中介作用都是存在的。技术专家型执行董事对企业绩效的总效应是 0.0062，将 R&D 效率作为中介效应引入之后，中介效应为 0.0002（中介效应 = 0.02 × 0.010）；在控制中介作用后，技术专家型执行董事对企业绩效的直接效应为 0.006。中介效应与直接效应之和是技术专家型执行董事对企业绩效的总效应 0.0062（总效应 = 0.0002 + 0.006）。

同理，表 6 – 16 中模型（4）~ 模型(6）不仅反映出了 R&D 效率的中介作用，也验证了之前模型的稳健性。同时，本节将是否设置技术专家型执行董事的 0 – 1 变量换成了技术专家型执行董事的比率，还可以反映出在其他条件不变的情况下，当增加技术专家型执行董事数量时，可以相应提高对 R&D 效率与企业绩效的积极影响。

3. 稳健性测试

为提高研究结论的可靠性，我们对研究结果也进行了稳健性测试。

（1）模型（1）~ 模型(3)、模型（4）~ 模型(6）不做聚类分析，中介效应依旧存在。（2）用因变量 ROE 代替 ROA。首先，不做聚类分析，用 ROE 代替 ROA，R&D 效率的中介作用依旧显著。其次，在以 ROE 为因变量时，以 REGION 作为聚类变量具有不恰当的地方。由于 ROE 是证监会对配股和特别处理（ST）的考核指标，所以上市公司对该项指标存在较为强烈的盈余动机。而盈余管理在一定程度上会削弱依照地区分类的自相关水平。并且研究窗口中发生了全球性的经济危机，经济发展水平与年份也会影响到企业绩效与 R&D 效率。因此，选取 MARKET 作为聚类变量，这个变量包含了地域、经济发展水平、年份等多个维度，研究发现结果依旧稳健。（3）将自变量 TEXE 替换为 TEXER，本身也就是一种稳健性检验，结果如表 6 – 16 所示，依旧稳健。（4）控制变量中加入变量“行业协会帮助程度”，或将 REGION 作为控制变量加入，或者删除市场化指数 MARKET，结果稳健。

6.2.4 处理内生性问题的实证结果

中介模型中，“X→Y”“X→M”“M→Y”每一个箭头代表的都是因果关系，斯通—雷梅罗和罗索帕（Stone - Remero and Rosopa，2008）质疑通过逐步法得到的是相关关系，而不是因果关系。因为通过逐步法建立中介效应研究模型之前，我们已经通过理论分析，从整体的角度假设了变量相互间的影响关系，即 X 影响 M，M 影响 Y。但是，统计无法验证因果关系，这是所有统计都存在的问题，并不是由于逐步法所导致的（温忠麟，2014）。社会学科认为，推论因果关系需要满足三个准则（Cook and Campbell，1979）：一是“因”“果”共同变化；二是“因”在“果”之前发生；三是排除“因”“果”联系之外的其他解释。同时，斯潘塞等（Spencer et al.，2005）认为，如果能相继验证“X→M”“M→Y”，那么间接路径的因果链依旧可以得到验证。综上所述，本节认为，虽然之前我们从整体的角度验证技术专家型执行董事对企业绩效产生积极影响时，R&D 效率可以起到中介作用，但是，如果我们能说明技术专家型执行董事影响 R&D 效率（“X→M”），R&D 效率又影响了企业绩效（“M→Y”），根据斯潘塞等的研究，间接路径（中介作用）仍旧存在。

关于 R&D 效率对企业绩效的作用（“M→Y”），已经有了大量文献做铺垫，本节不再深入探讨。技术专家型执行董事对 R&D 效率的作用是本节进行继续深入分析的重点（“X→M”），原因如下：其一，技术专家型执行董事作为研究主体，较少有文章涉及；其二，研究董事会的异质性对企业绩效的影响，或者探讨技术高管对 R&D 效率的作用时，之前的作者并没有考虑存在的内生性问题。技术专家型执行董事的设置是企业的一种自选择，需要对内生性问题进行控制。因为可能存在这样一种情况：设置技术专家型董事的企业本来就注重研发，或本身研发能力就较强，即使不设置技术专家型执行董事，仍旧可以起到很好的作用。并且我们模型中技术专家型执行董事是否设置是虚拟变量。因此，针对内生性问题以及模型的特征（解释变量中包含 0 - 1 虚拟变量的类型），本节选用处理效应模型（treatment effect model）解决设置技术专家型执行董事与中介变量——企业 R&D 效率之间的内生性问题。

如表 6 - 17 所示，模型（1）中，处理效应模型中引入外生变量区域因素（REGION）与执行董事规模（TEXEBS），λ 系数为 - 0.603，并且显著，表明存在处理效应，即此前的 OLS 高估了技术专家型执行董事对 R&D 效率的影响。在对内生性问题控制之后，技术专家型执行董事对 R&D 效率的积极作用仍然显著。在 GMM 模型（2）中引入工具变量，技术专家型执行董事的作用仍旧稳健。这也说明了 R&D 效率的中介效应是存在的。

表 6 - 17　　处理效应模型与 GMM 回归结果

	(1) 处理效应模型	(2) GMM
TEXE	0.279 *** (4.69)	0.401 ** (2.48)
H5	-0.040 (-0.96)	-0.005 (-0.09)
LEV	-0.121 *** (-4.31)	-0.112 *** (-3.21)
INVE	0.121 (1.41)	-0.045 (-0.34)
SIZE	0.050 *** (9.26)	0.048 *** (6.39)
MARKET	0.009 *** (3.85)	0.011 *** (3.20)
Constant	-1.099 *** (-8.62)	-1.048 *** (-6.11)
Ind	YES	YES
Year	YES	YES
N	2640	2640

注：* $p<0.1$，** $p<0.05$，*** $p<0.01$。

实证结果表明，设置技术专家型执行董事与企业 R&D 效率以及企业绩效呈显著相关性，技术专家型执行董事可以通过提高企业 R&D 效率对企业绩效产生积极影响，在此过程中 R&D 效率发挥部分中介效应作用，并且该作用可以通过稳健性检验。此外，研究还发现，在其他条件不变的情况下，技术专家型执行董事占董事会人数的比例增大会提高企业的 R&D 效率与企业绩效。在进一步分析中，本节控制了设置技术专家型执行董事对 R&D 效率影响中可能存在的内生性问题，依然得到技术专家型执行董事对 R&D 效率的积极作用。因此，通过对“X→M”“M→Y”的路径分析，再一次验证了 R&D 效率在技术专家型执行董事对企业绩效之间发挥的中介作用。

6.3 融资约束对技术专家型董事创新驱动作用的调节效应

高层梯队理论认为，管理层处理问题的角度、方式会受职业背景与工作经历的影响，因而董事职能背景的异质性有助于激发团队的创新性决策。张文隆、余耀东和周建（2012）利用我国台湾地区的数据，发现董事会专业能力对企业研发、并购等成长型的战略决策具有显著的积极作用；同时，董事会团队职能背景异质性也增加了董事会认知基础的多样性，从而为公司决策提供更广阔的视角。我国学者周建与李小青（2012）通过实证检验，认为董事专业背景的异质性给董事会提供了广博的知识和不同的视角，有助于董事会克服决策偏差、提高决策质量。也就是说，企业设置技术专家型董事能够对董事会整体创新决策产生积极影响。同时，学者也发现，具有技术背景的董事或者高管对研发活动具有积极作用。刘渐和等的研究也肯定了董事具有技术背景对企业创新具有积极影响。因此，企业设置技术专家型董事符合我国当前发展的现实需要。

在前面两节中，本书通过构建“技术专家型董事—创新效率—企业绩效”的分析框架，探讨了不同类型技术专家型董事对企业创新效率的作用机理，即从“整体—部分”两个层次验证了技术专家型董事的创新驱动效应。而在引入融资约束因素之后，如果直接探究融资约束对技术专家型董事与财务绩效的关系的调节作用，逻辑跳跃幅度过大；而相较于财务绩效，技术专家型董事通过发挥自身专业能力对企业创新活动的影响更为直接。因此，本节将重点探讨融资约束对技术专家型董事与创新效率之间关系的调节作用。

6.3.1　理论分析与研究假设

根据治理机制整合理论，不同机制之间的“相互补充、相互配合”可使企业达到最优治理效果。本书依据奥沙利文以创新经济学为基础建立的组织控制理论，试图以一种全新的理念来阐释创新效率具有的公司治理属性，该理论以创新为逻辑起点，归纳出支持创新的公司治理结构具有“财务承诺、战略控制和组织整合”的特征。然而，融资约束作为现实存在的外部环境，能够影响创新活动需要的“财务承诺”要求，从而对创新投入带来消极影响。如前所述，技术专家型董事不仅可以提升董事会专业能力和创新决策质量，降低资金提供者与企业间的信息不对称，而且能够为企业创新活动带来关键性资源、提高企业创新活动的声誉，并增强投资者对企业创新活动的信心；此外，技术专家型董事将自身专业背景与监督作用相结合，可以防止上市公司对研发资源的浪费与侵占，即技术专家型董事能够通过以上路径来缓解融资约束的消极作用。与此同时，技术专家型董事还能够使高层更加重视激励技术投入，形成良好的创新氛围而保证创新投入。

众多文献已经表明董事会发挥的职能作用逐步增强。扎赫拉和皮尔斯（Zahra and Pearce，2011）研究表明，董事会从发挥偶尔、临时性的作用，转为战略决策的重要参与者。李国栋、薛有志（2011）通过实证分析认为我国董事会职能不断由监督治理向战略服务转变；汪延明（2014）认为技术专家型董事在董事会和企业研发团队之间应具有很强的专家效应，因此对前沿技术脉络把握比较清晰，拥有对企业技术创新与发展问题的话语权，有利于董事会通过高投入产出比的战略决策。因此，随着董事会作用的逐渐增强，结合高层梯队理论，技术专家型董事对研发战略的作用也会逐步增强。

首先，创新理论认为，在资源受限情况下，人脑会更具有创造力。那么在融资约束的背景下，技术专家型董事也更倾向选择容易成功的创新项目，从而提升企业的创新效率。本书认为，我国融资行为异化突出，并且有着融资约束强的严峻外部环境，在一定程度上也能够激发技术专家型董事发挥主观能动性，提升其对创新效率的积极影响。其次，基于普费弗和萨兰西克（Pfeffer and Salancik，1978）的资源依赖理论，在尊重我国特有的文化背景下，人力资本（经验、专业技能、声誉）、关系资本（董事会与外部关系网络）对创新效率的作用不容小觑。而技术专家型董事作为相关领域的专家，自身具有丰富的技术资源、人脉关系与经验。当企业受融资约束影响较为严重时，甚至面临控制权转移或者破产威胁时，技术专家型董事考虑到该情况对自身声誉造成的非经济损失，会积极运用自己的相关资源来降低融资约束对企业的不利影响，同时引入相关创新资源增强企业的创新能力。此外，融资约束也会导致企业的自由现金流较少，在一定程度上减少代理问题，利于技术专家型董事监督企业的创新活动，提升对创新效率的积极影响。

然而也有理论对融资约束具有正向调节作用提出相反的观点。财务冗余理论指出，宽松的资源环境才能够提高企业适应环境变化的能力，从而对创新产生积极影响。企业只有协调好人力、物力等资源才能带来经济效应，提高企业创新能力。当融资约束较为严重时，其带来的消极影响也有可能远远超过对内部治理机制的激励作用。因此，本节提出以下竞争性假设：

H1：在融资约束较高的情况下，能够增强技术专家型董事对创新效率的积极影响。

H2：在融资约束较低的情况下，能够削弱技术专家型董事对创新效率的积极影响。

6.3.2 研究设计

1. 样本选择与数据来源

本章的样本选择保持一致，因此本节也主要采用 2007～2014 年连续披露研发费用的企业作为初始样本。其中研发费用来自 Wind 数据库，技术专家型董事的数据手工收集于 CSMAR 数据库，专利数据手工收集于中国知识产权网；其他治理与财务数据皆来自 CSMAR 数据库。考虑到技术专家型董事创新驱动作用的时滞效应，技术专家型董事的数据为 2007～2013 年数据，创新效率指标则为 2007～2014 年数据。

对于初始样本进行如下处理：①剔除各年度的 ST、PT 公司；②因截面回归要求每年度每个行业样本至少要达到 10 个，所以对没达到 10 个样本的行业进行必要的合并与删除；③剔除主要变量缺失的样本；④为控制极端值对检验结果带来的偏误，对连续变量进行 Winsorize 缩尾处理。根据上述标准，最终得到 2638 个样本。

2. 模型设定

为减少多重共线性对回归结果的影响，本节将样本分为融资约束较弱（KZ＝0）与融资约束较强（KZ＝1）的组，通过进行两组的对比研究，考察在不同融资约束情况下，技术专家型董事对创新效率的影响变化，回归方程模型如式（6－11）所示。

$$RDEF = \beta_0 + \beta_1 TED + \beta_2 H5 + \beta_3 LEV + \beta_4 INVE + \beta_5 SIZE + \beta_6 MARKET + \varepsilon \tag{6-11}$$

3. 变量定义

（1）技术专家型董事（TED）。与之前定义相同，本节通过以下 4 个方面来确定董事是否具有技术专长：其一是学习经历，毕业于工程、制药等技术性较强的专业；其二是工作经历，拥有研发或关键技术岗位任职的经历，或担任行业技术协会的负责人；其三是职称评定，具有技术类相关的职称，如教授级工程师、工程师、研究员等；其四是专利或奖励，拥有发明专利或者获得省级以上的发明奖励。董事如满足以上任何一项，即判断为具有技术专长，进而将具有技术专长的董事定义为技术专家型董事，并采用虚拟变量来衡量。

（2）创新效率（RDEF）。与之前研究一致，将研发费用的自然对数作为创新投入变量，专利数的自然对数作为创新产出变量，采用 DEA 方法进行创新效率的测算，并且对研发投入与产出变量进行无量纲化处理，然后将处理后的指标数据代入 C^2R 模型，运用 DEAP 2.1 进行求解。

值得注意的是，本节创新产出沿用阿胡贾和卡迪拉（Ahuja and Katila，2001）的测量方法，以企业申请的新专利数量总和作为创新产出的近似值，由于本章上一节采用的专利数是从中国知识产权网中手工收集，为保证研究的前后一致性，因此在本节的主回归模型中，专利产出数也采用手工收集的专利数据。而为进一步保证稳健性，本节在稳健性检验中，也采用 CSMAR 中下载的数据进行进一步分析，其中基于创新产出的数量维度是以申请专利数之和来衡量，由此计算得出 $RDEF_A$，而基于创新产出的质量维度是以发明专利作为质量维度数来衡量，由此计算得出 $RDEF_Q$。

（3）融资约束。由于 KZ 指数是目前国内研究度量融资约束较为普遍的指标，考虑到我国上市公司与国外上市公司在融资约束环境上面临的差异，虽然样本集中在制造业与信息产业，但是研究数据仍旧涉及不同行业。因此，本章在稳健性检验中计算 KZ 指数时，进一步区别了不同行业、不同年度，以此计算出 KZ 指数的中位数，大于等于该中位数的上市公司，为高融资约束公司（KZ =1），小于该中位数的上市公司，则为低融资约束公司（KZ =0）。

（4）控制变量。本书在实证分析中，控制了其他影响效率的因素。在已有文献的基础之上，选取股权集中度（H5）、资产负债率（LEV）、投资支出（INVE）、企业规模（SIZE）、市场化指数（MARKET）作为控制变量；同时，为控制年度与行业的固定效应，在模型中加入年份（Year）、行业（Ind）虚拟变量。本书变量的定义和度量详见表 6 -18。

表 6 -18　　　　变量定义说明

变量类型	变量名称	变量定义与测量
因变量	RDEF	创新效率，根据 DEA 测算出。投入量为 ln（研发费用），产出量为 ln（专利数），并且专利数手工搜集于中国知识产权网
自变量	TED	企业是否设置技术专家型董事，设置为 1，否则为 0
分组变量	KZ	融资约束程度，大于等于该中位数的上市公司为高融资约束公司（KZ =1），小于该中位数的上市公司则为低融资约束公司（KZ =0）

续表

变量类型	变量名称	变量定义与测量
控制变量	H5	前5名股东持股比例平方和
	LEV	资产负债率，负债总额/总资产
	INVE	投资支出，构建固定资产、无形资产以及其他资产支付现金/总资产
	SIZE	公司规模，以ln（公司资产）表示
	MARKET	因樊纲等（2011）的数据截止到2009年，本书借鉴杨兴全的处理方法，推算2010年的指数等于2009年的指数加上2007年、2008年、2009年这三年相对于前一年指数增加值的平均数，以此类推
	Ind	按照中国证监会的行业分类，其中制造业细分到二级代码。如果企业属于该行业则为1，否则为0
	Year	如果企业属于该年份为1，否则为0

6.3.3 实证结果分析

表6－19中模型（1）采用全样本，实证检验了企业设置技术专家型董事（TED）对创新效率（RDEF）的作用。通过实证结果可以发现，企业设置技术专家型董事（TED）与创新效率（RDEF）显著正相关，并且在5%的显著性水平上显著，与上节的结论一致。模型（2）是在较低融资约束下（KZ＝0）技术专家型董事（TED）对创新效率（RDEF）的影响，模型（3）是在较高融资约束下（KZ＝1）技术专家型董事（TED）对创新效率（RDEF）的作用。通过对比模型（2）与模型（3）可以发现，在较低的融资约束分组中（KZ＝0），技术专家型董事（TED）与创新效率（RDEF）之间并不相关；而在较高的融资约束分组中（KZ＝1），技术专家型董事（TED）对创新效率（RDEF）具有显著的提升作用，并且在1%的显著性水平上显著。由此可以说明技术专家型董事（TED）在较强的融资约束的条件下，对企业创新效率（RDEF）的提升作用更强，由此也可以验证本节的假设H1。

表 6-19　融资约束对技术专家型董事与创新效率间的调节作用检验

变量名称	模型（1） 全样本 RDEF	模型（2） KZ = 0 RDEF	模型（3） KZ = 1 RDEF
TED	0.029** (2.32)	0.014 (0.79)	0.047*** (2.71)
H5	-0.044 (-1.04)	-0.017 (-0.28)	-0.091 (-1.54)
LEV	-0.113*** (-3.99)	-0.136** (-2.57)	-0.060 (-1.20)
INVE	0.174** (1.99)	0.201* (1.65)	0.191 (1.44)
SIZE	0.048*** (8.92)	0.051*** (7.42)	0.043*** (4.61)
MARKET	0.006*** (2.80)	0.005 (1.56)	0.008** (2.40)
Constant	-0.815*** (-7.07)	-0.864*** (-5.48)	-0.746*** (-3.76)
Ind	Yes	Yes	Yes
Year	Yes	Yes	Yes
R^2	0.085	0.114	0.068
N	2638	1319	1319
F	15.22	10.42	5.934

注：* $p<0.1$，** $p<0.05$，*** $p<0.01$。

6.3.4　稳健性检验

本节在稳健性检验中，基于专利的数量维度将申请专利数之和来衡量创新产出，并采用 DEA 方法代入 C^2R 模型，由此计算得出 $RDEF_A$；基于专利的质量维度以发明专利衡量创新产出，并采用 DEA 方法代入

C^2R 模型，由此计算得出 $RDEF_Q$。

实证结果如表6-20所示，在基于创新产出的数量维度来衡量创新效率时，模型（1）仍旧采用全样本，检验了企业设置技术专家型董事（TED）对创新效率（$RDEF_A$）的影响。实证结果表明，企业设置技术专家型董事（TED）能够显著提升企业的创新效率（RDEF），并且在5%的显著性水平上显著，与之前主回归模型中的结论一致。

表6-20 融资约束调节作用的稳健性检验

变量名称	模型（1） 全样本 $RDEF_A$	模型（2） KZ=0 $RDEF_A$	模型（3） KZ=1 $RDEF_A$	模型（4） 全样本 $RDEF_Q$	模型（5） KZ=0 $RDEF_Q$	模型（6） KZ=1 $RDEF_Q$
TED	0.024** (2.05)	0.010 (0.62)	0.037** (2.33)	0.021** (2.12)	0.017 (1.18)	0.027* (1.95)
H5	-0.096** (-2.44)	-0.163*** (-2.83)	-0.070 (-1.29)	-0.118*** (-3.46)	-0.137*** (-2.71)	-0.113** (-2.42)
LEV	-0.101*** (-3.81)	-0.100** (-2.01)	-0.004 (-0.09)	-0.065*** (-2.82)	-0.096** (-2.21)	-0.024 (-0.61)
INVE	0.159* (1.96)	0.286** (2.51)	0.106 (0.88)	0.124* (1.76)	0.219** (2.20)	0.019 (0.18)
SIZE	0.045*** (9.00)	0.051*** (7.98)	0.034*** (4.00)	0.052*** (12.03)	0.058*** (10.25)	0.043*** (5.87)
MARKET	0.006*** (2.73)	0.001 (0.39)	0.010*** (3.60)	0.008*** (4.32)	0.008*** (2.89)	0.008*** (3.25)
Constant	-0.740*** (-6.92)	-0.832*** (-5.63)	-0.544*** (-3.00)	-0.938*** (-10.10)	-1.048*** (-8.07)	-0.873*** (-5.57)
Ind	Yes	Yes	Yes	Yes	Yes	Yes
Year	Yes	Yes	Yes	Yes	Yes	Yes
R^2	0.112	0.164	0.073	0.113	0.154	0.073
N	2638	1319	1319	2638	1319	1319
F	20.57	15.92	6.409	20.90	14.87	6.442

注：* p<0.1，** p<0.05，*** p<0.01。

模型（2）反映了企业在较低融资约束下（KZ =0），技术专家型董事（TED）对创新效率（$RDEF_A$）的影响，模型（3）则是企业在较高融资约束下（KZ =1），技术专家型董事（TED）对创新效率（$RDEF_A$）的作用。通过对比模型（2）与模型（3）的实证结果可以发现，在较低的融资约束分组中（KZ =0），技术专家型董事（TED）与创新效率（$RDEF_A$）之间并不存在显著的相关关系；而在较高的融资约束分组中（KZ =1），技术专家型董事（TED）对创新效率（$RDEF_A$）具有显著的提升作用，并且在1%的显著性水平上显著。由此可以说明，技术专家型董事（TED）在较强的融资约束下，对企业创新效率（$RDEF_A$）的提升作用更显著。同样，根据模型（4）、模型（5）、模型（6）的结果也能够得到相同的结论。由此也能够更加稳健地验证本节的假设 H1。

6.4 本章小结

本章6.1节的实证结果显示，技术专家型董事对于企业绩效的作用机理，是通过影响企业创新战略、提供资源禀赋、缓解创新活动的消极影响来提升创新效率，即创新效率是技术专家型董事与企业绩效间的中介变量与传导机制；同时，该传导作用兼具时滞效应与当期效应，并且在时滞效应中，创新效率的传导效果更加显著，中介效应占总效应的比重也更高。以上结论从技术专家型董事“整体”的角度验证了其具有的创新驱动作用。进一步研究表明，不同技术专家型董事对创新效率皆有提升作用，但不同董事间的作用路径或许具有“重叠效应”，使技术专家型独立董事的作用在一定程度上被遮掩；通过探究不同类型技术专家型董事对创新效率的影响，从“部分”的角度为技术专家型董事的创新驱动作用提供了实证依据。上述结果在考虑内生性问题以及稳健性检验后依旧成立。

本章6.2节的实证结果显示，设置技术专家型执行董事与企业 R&D 效率以及企业绩效呈显著相关性，技术专家型执行董事可以通过提高企业 R&D 效率对企业绩效产生积极影响，在此过程中 R&D 效率发挥部分中介效应作用，并且该作用可以通过稳健性检验。此外，研究还发现在其他条件不变的情况下，技术专家型执行董事占董事会人数的比例增大会提高企业的 R&D 效率与企业绩效。进一步分析中，本节控制了设置技术专家型执行董事对 R&D 效率影响中可能存在的内生性问题，依然得到技术专家型执行董事对 R&D 效率的积极作用。因此，通过对“X→M”“M→Y”的路径分析，再一次论证了 R&D 效率在技术专家型执行董事与企业绩效之间发挥的中介作用，由此验证了技术专家型执行董事驱动企业创新的作用路径。

本章 6.3 节的实证结果显示，技术专家型董事在融资约束的条件下，能够更好地激发其主观能动作用，提升其对创新效率的积极影响。同时，这一研究也为公司治理整合理论与创新理论在我国的发展提供了实证依据：公司治理整合理论认为，各个机制之间的相互结合，要比单一的公司治理机制更为有效；而创新理论认为，在资源受限情况下，人脑会更具有创造力，也更容易激发潜能。

通过本章的研究可以发现，技术专家型董事在我国创新发展的历程中，对企业创新的推动作用日渐凸显，这为研究中国特色自主创新道路下的董事会治理提供了崭新而重要的视角。技术专家型董事通过提高企业创新效率，最终能够提升企业绩效。也就是说，技术专家型董事通过发挥创新驱动效应夯实了宏观经济增长的微观基础，对建设创新型国家具有重要意义；创新效率是技术专家型董事与企业绩效间的中介变量与传导机制，在该逻辑框架下，技术专家型执行董事对企业创新的作用路径也得到了验证；继而结合我国治理现状，根据在内部信息持有量与独立性等方面存在的差异，深入挖掘不同类型技术专家型董事对创新效率的影响，为中国特色自主创新道路下的董事会治理提供经验证据；最后结合外部环境因素，研究发现融资约束能够激发技术专家型董事发挥主观能动性，提升其对创新效率的积极作用。

本章通过深入挖掘技术专家型董事对创新效率与企业绩效的积极影响，不仅丰富与完善了汉布瑞克和梅森（Hambrick and Mason，1984）的“高层梯队理论”，而且对企业的管理实践具有有益的启示：首先，技术专家型董事能够使董事会的运作更具专业性，提高创新决策的科学性，从而提升 R&D 效率与企业绩效，因此无论是资源依赖理论还是高层梯队理论，都肯定了技术专家型董事对企业创新活动的积极影响。而创新在国家发展全局中具有核心与基点地位，现阶段应当重视企业中的创新主体与核心力量，加大对技术专家型董事的引进与培养，充分发挥技术专家型董事的智库作用与创新驱动效应，促进企业形成支持创新的良性循环。其次，公司治理的本质是企业内部组织范畴的制度资源决定了企业的战略管理活动与经济绩效，最终保证了企业的竞争优势。因此针对研发活动的特殊性，上市公司有必要存在一定比例的技术专家型执行董事。同时，技术专家型非执行董事作为新的治理力量，不仅能够为创新活动提供更多的专家信息与监督力量，而且有利于增强不同技术专家型董事间的知识沟通与互动，形成协同效应与组合优势。最后，应当充分提高技术专家型独立董事的话语权，明晰不同董事间的职责划分，使其作用不再被“重叠效应”所遮掩。此外，在中国特色自主创新道路下的智库建设中，需要重视董事技术专长对企业创新的重要影响，而现阶段我国技术专家的评定标准，存在单位、行业、级别等差异，缺乏得到广泛认同的一致标准，希望本书能够为考察技术专家的作用路径、评定技术专家的贡献维度提供一定的借鉴。

第7章 结论、政策建议与研究展望

7.1 结 论

“中国经济增长之谜”的“反常态现象”引起了不同领域专家的研究兴趣，而不同于以往的研究，本书试图通过微观的公司治理视角对该现象进行阐释。经济发展依赖于企业创新，企业创新需要长期有效的投入机制，而对创新的投入与管理需要良好的公司治理机制来构建。根据拉让尼克和奥沙利文（Lazonick and O'Sulivan，2000）的“创新型企业理论”，支持创新的公司治理架构需要满足“财务承诺”“战略控制”与“组织整合”，因而董事会作为公司治理的核心机制也应据此做出调整。因此，在当今中国金融变革的时代背景下，本书试图从微观企业视角来探讨如何在融资约束的客观环境中，通过优化我国的董事会建设来促使企业成为创新的核心推动力，本书认为这也是探讨“中国经济增长之谜”的有效途径。

本书以Fisher模型为基础构建高新技术企业融资约束指数，并采用数据包络分析法（DEA）测度高新技术企业创新效率。实证结果显示，面临融资约束程度的上升，我国企业反而能够显著提高创新效率，该结果也能够证明“中国经济增长之谜”确实存在于创新活动领域。

进一步，本书认为，企业创新投入的成功与否不仅受外界因素影响，而且在很大程度上取决于企业内部对创新投入的有效管理。因此，本书尝试引入公司治理因素——技术专家型董事展开进一步探索。同时，融资约束作为我国融资体系的现实反映，对于企业创新的影响更加突出，所以本书首先探讨了技术专家型董事对融资约束消极影响的缓解作用：从融资约束的共性问题来考量，研究发现，设置技术专家型董事的企业，创新投资—现金流敏感度较低，也就是说，技术专家型董事能够降低创新活动对内部现金流的依赖；从融资约束的特性来考量，研究发现，技术专家型非执行董事、技术专家型独立董事通过发挥治理作用，能够有效抑制管理层操控研发费用。因此，技术专家型董事通过以上两种路径有效缓解了融资约束。

为进一步解释创新领域中的“经济增长之谜”，本书继而验证了技术专家型董事的创新驱动作用，并发现其对企业绩效的作用机理是通过影响企业创新战略、提供资源禀赋、缓解创新活动的消极影响来提升创新效率；研究还发现，不同技术专家型董事对创新效率皆有提升作用，即从“整体—部分”两个层次为技术专家型董事的创新驱动作用提供了实证依据。上述结果在考虑内生性问题以及稳健性检验后依旧成立。而进一步研究表明，技术专家型董事在融资约束的条件下能够更好地发挥其主观能动性，提升其对创新效率的积极影响。

综上所述，本书认为，技术专家型董事的作用路径主要表现在以下两个方面（详见图 7－1）：首先，技术专家型董事能够缓解融资约束，从而保证创新投入，以此达到创新性企业理论中“财务承诺”的要求，如图中--->所示；其次，技术专家型董事不仅对创新效率具有直接提升作用，而且在融资约束的条件下能够增强对创新效率的积极作用，这也能够说明技术专家型董事能够对企业创新发挥显著的积极影响，发挥创新型企业理论中“战略控制”与“组织整合”的作用，如图中-·->所示。而通过对以上两条作用路径的剖析，能够较好地从技术专家型董事的视角来解答为何融资约束能够提升企业创新效率。

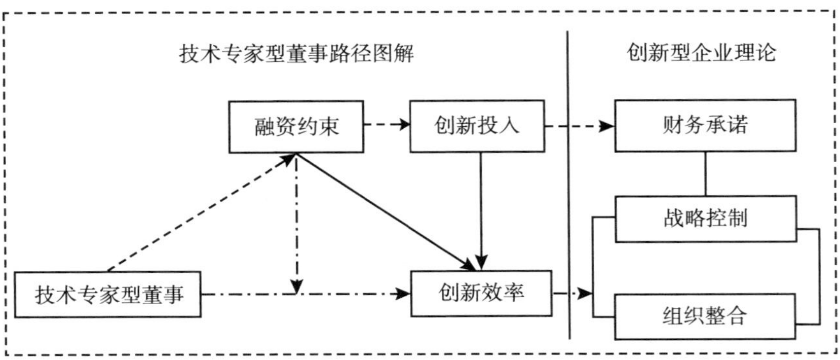

图 7－1　技术专家型董事的作用路径分析

7.2 政策建议

通过本书的结论我们可以发现，在我国创新发展历程中，技术专家型董事扮演着非常重要的角色，不仅对建设创新型国家具有重要意义，而且通过发挥创新驱动效应夯实了宏观经济增长的微观基础，推动了经济的发展。通过深入挖掘技术专家型董事的作用，在丰富与完善汉布瑞克和梅森（Hambrick and Mason，1984）“高层梯队理论”的同时，也为拉让尼克的“创新型企业理论”所提倡的“战略控制”“组织整合”和“财务承诺”提供了微观支持。创新在国家发展全局中具有核心与基点地位，应当重视企业中的创新主体与核心力量。本书的研究结论对企业的管理实践具有如下启示：

首先，应当重视技术专家型董事在中国自主创新发展中的作用。企业需要加大对技术专家型董事的引进与培养，充分发挥技术专家型董事的智库作用与创新驱动效应，促进企业形成支持创新的良性循环；技术专家型非执行董事作为新的治理力量，不仅能够为创新活动提供更多的专家信息与监督力量，而且有利于增强不同技术专家型董事间的知识沟通与互动，形成协同效应与组合优势；应当充分提高技术专家型独立董事的话语权，明晰不同董事间的职责划分。

其次，应当重视技术专家型董事对外部环境的能动作用。虽然融资约束是当前我国现实的宏观环境，但技术专家型董事通过发挥主观能动性，不仅能够很好地应对融资约束的消极作用，而且在融资约束的条件下能够提升其对创新效率的积极影响。鉴于创新活动受到的严重融资约束，我们不应该仅仅重视技术专家型董事具有专业技术优势而发挥专家的智库作用，更应该重视其整合资源、把握创新战略的能力。现阶段我国的公司治理发展仍处于探索时期，从上市公司董事会和独立董事的结构来看，每个公司都按制度要求设置了财务背景的独立董事，但对董事的技术背景重视不足。而在“大众创业、万众创新”的背景下，本章的研究结果不仅丰富了董事会角色的相关研究，为完善我国董事会制度、提升企业技术创新能力提供了重要参考，也为监管机构制定相关法规、指引提供了新的思路与依据。

此外，在中国特色自主创新道路下的智库建设中，也需要重视董事技术专长对企业创新的重要影响。而现阶段我国技术专家的评定标准存在单位、行业、级别等差异，缺乏能够得到广泛认同的一致标准。希望本书也能够为考察技术专家的作用路径、评定技术专家的贡献维度提供一定的借鉴。

7.3 研究展望

本书从企业融资、公司治理与企业创新层面，考察了我国上市公司的运作效率，并通过分析技术专家型董事的作用路径，尝试解答了“中国经济增长之谜”。但还需要进一步探索以下问题。

首先，研究结论认为融资约束降低了创新投入，提升了创新效率，技术专家型董事对融资约束具有缓解与治理效应。那么，技术专家型董事对创新投入与创新效率的影响机理分别是什么？更具体地说，技术专家型董事保证创新投入的持续性，是通过降低信息不对称来扩大企业的外源融资渠道，还是通过提升营运资本的平滑作用来实现的？

其次，从统计样本中可以发现我国上市公司中具有相当比例的技术专家型董事，这也反映出我国在原始资本缺乏的基础上，仍然坚持工业化、坚持创新发展战略的决心。那么，更进一步的研究可以结合行业特征，将技术专家型董事细分为本行业的技术专家型董事与其他行业的技术专家型董事，深入探究二者的作用路径差异以及交互作用对企业创新的影响；也可以通过比较技术专家型董事与其他背景董事间的薪酬差异，挖掘不同经济体的贡献差异，并探究该种格局存在的原因。

最后，需要注意技术本身并不是企业最终应用的对象，关键在于要将技术成果迅速转化为现实生产力，也就是说需要上升到技术资本的高度。那么，技术专家型董事在技术资本转化为经济效益的过程中，又会有怎样的增量贡献呢？结合我国当前金融生态环境，融资约束与技术专家型董事同时影响企业的创新投资行为时，又会对企业绩效产生怎样的影响呢？就目前掌握的信息来看，暂时还没有文献对此展开讨论。但随着我国金融改革不断深化，以及创新战略的坚定推行，在此过程中经验的积累以及理论的发展，皆有助于我们对以上问题展开积极探索，这也为后续研究指明了方向。

参 考 文 献

[1] 奥沙利文:《公司治理百年——美国和德国公司治理演变》，人民邮电出版社2007年版。

[2] 白云飞、潘忠志:《我国R&D投入对于科技创新的时滞效应研究》，载于《科技管理研究》2015年第4期。

[3] 毕晓、姜宝强:《财务松弛对公司业绩的影响研究——基于融资约束和代理成本的视角》，载于《商业经济与管理》2010年第4期。

[4] 陈仕华、卢昌崇:《国有企业党组织的治理参与能够有效抑制并购中的“国有资产流失”吗?》，载于《管理世界》2014年第5期。

[5] 陈小悦、徐晓东:《股权结构、企业绩效与投资者利益保护》，载于《经济研究》2001年第11期。

[6] 程宏伟、张永海、常勇:《公司R&D投入与业绩相关性的实证研究》，载于《科学管理研究》2006年第3期。

[7] 党印:《公司治理与技术创新: 综述及启示》，载于《产经评论》2012年第6期。

[8] 杜龙政、汪延明、李石:《产业链治理架构及其基本模式研究》，载于《中国工业经济》2010年第3期。

[9] 樊纲、王小鲁、朱恒鹏:《中国市场化指数: 各地区市场化相对进程2011年报告》，经济科学出版社2011年版。

[10] 樊钱涛、韩英华:《研发团队中知识创新效率影响机制研究》，载于《科学学研究》2008年第6期。

[11] 冯根福、温军:《中国上市公司治理与企业技术创新关系的实证分析》，载于《中国工业经济》2008年第7期。

[12] 顾群、翟淑萍:《融资约束、代理成本与企业创新效率——来自上市高新技术企业的经验证据》，载于《经济与管理研究》2012年第5期。

[13] 韩晶:《中国高技术产业创新效率研究——基于 SFA 方法的实证分析》,载于《科学学研究》2010 年第 3 期。

[14] 韩忠雪、崔建伟:《技术高管、制度环境与技术效率》,载于《软科学》2015 年第 3 期。

[15] 韩忠雪、崔建伟、王闪:《技术高管提升了企业技术效率吗?》,载于《科学学研究》2014 年第 4 期。

[16] 何枫、陈荣:《基于 SFA 测度的企业效率对企业绩效与企业价值的影响效果研究——来自于中国数个行业上市公司的证据 2002 ~ 2006》,载于《金融研究》2008 年 9 月。

[17] 胡望斌、张玉利、杨俊:《同质性还是异质性:创业导向对技术创业团队与新企业绩效关系的调节作用研究》,载于《管理世界》2014 年 6 月。

[18] 胡元木:《技术独立董事可以提高 R&D 产出效率吗?——来自中国证券市场的研究》,载于《南开管理评论》2012 年第 2 期。

[19] 胡元木、纪端:《创业板上市公司"融资偏好实现度"研究——基于融资优序理论对融资行为解析的新视角》,载于《山东社会科学》2014 年第 6 期。

[20] 胡元木、纪端:《董事技术专长、创新效率与企业绩效》,载于《南开管理评论》2017 年第 3 期。

[21] 胡元木、纪端:《技术非执行董事与真实盈余管理研究——基于倾向得分匹配法(PSM)的检验》,载于《东岳论丛》2017 年第 3 期。

[22] 胡元木、刘佩、纪端:《技术独立董事能有效抑制真实盈余管理吗?——基于可操控 R&D 费用视角》,载于《会计研究》2016 年第 3 期。

[23] 纪端:《中国创业板上市公司融资行为异化形成机理及治理研究》,山东财经大学硕士学位论文,2014 年。

[24] 贾建锋、赵希男、于秀凤等:《创业导向有助于提升企业绩效吗——基于创业导向型企业高管胜任特征的中介效应》,载于《南开管理评论》2013 年。

[25] 贾生华、陈文强:《国有控股、市场竞争与股权激励效应——基于倾向得分匹配法的实证研究》,载于《浙江大学学报(人文

社会科学版)》2015 年第 5 期。

[26] 解维敏、方红星:《金融发展、融资约束与企业研发投入》,载于《金融研究》2011 年第 5 期。

[27] 鞠晓生:《中国上市企业创新投资的融资来源与平滑机制》,载于《世界经济》2013 年第 4 期。

[28] 鞠晓生、卢荻、虞义华:《融资约束、营运资本管理与企业创新可持续性》,载于《经济研究》2013 年第 1 期。

[29] 况学文:《金融发展缓解公司融资约束程度研究》,载于《华东经济管理》2011 年第 5 期。

[30] 黎文靖、郑曼妮:《实质性创新还是策略性创新?——宏观产业政策对微观企业创新的影响》,载于《经济研究》2016 年第 4 期。

[31] 李广子、刘力:《上市公司民营化绩效:基于政治观点的检验》,载于《世界经济》2010 年第 11 期。

[32] 李国栋、薛有志:《董事会战略参与效应及其影响因素研究》,载于《管理评论》2011 年第 3 期。

[33] 李君平、徐龙炳:《资本市场错误定价、融资约束与公司融资方式选择》,载于《金融研究》2015 年第 12 期。

[34] 李君平、徐龙炳:《资本市场错误定价、融资约束与公司投资》,载于《财贸经济》2015 年第 3 期。

[35] 李科、徐龙炳:《融资约束、债务能力与公司业绩》,载于《经济研究》2011 年第 5 期。

[36] 李维安、牛建波、宋笑扬:《董事会治理研究的理论根源及研究脉络评析》,载于《南开管理评论》2009 年第 1 期。

[37] 李增福、林盛天、连玉君:《国有控股、机构投资者与真实活动的盈余管理》,载于《管理工程学报》2013 年第 3 期。

[38] 梁莱歆、马如飞:《R&D 资金管理与企业自主创新——基于我国信息技术类上市公司的实证分析》,载于《财经研究》2009 年第 8 期。

[39] 刘春玉:《融资约束与企业创新投资研究的新进展》,载于《东岳论丛》2011 年第 12 期。

[40] 刘渐和、王德应:《领导权结构、董事长技术背景与技术创新动力——基于中小民营上市公司的实证研究》,载于《大连理工大学

学报（社会科学版）》2010 年第 4 期。

［41］刘金石、王贵：《公司治理理论：异同探源、评介与比较》，载于《经济学动态》2011 年第 5 期。

［42］刘胜强、林志军、孙芳城等：《融资约束、代理成本对企业 R&D 投资的影响——基于我国上市公司的经验证据》，载于《会计研究》2015 年第 11 期。

［43］刘胜强、刘星：《上市公司负债水平对企业 R&D 投资的影响》，载于《科技进步与对策》2011 年第 11 期。

［44］卢太平、张东旭：《融资需求、融资约束与盈余管理》，载于《会计研究》2014 年第 1 期。

［45］卢馨、郑阳飞、李建明：《融资约束对企业 R&D 投资的影响研究——来自中国高新技术上市公司的经验证据》，载于《会计研究》2013 年第 5 期。

［46］鲁桐、党印：《公司治理与技术创新：分行业比较》，载于《经济研究》2014 年第 6 期。

［47］陆正飞、胡诗阳：《股东—经理代理冲突与非执行董事的治理作用——来自中国 A 股市场的经验证据》，载于《管理世界》2015 年第 1 期。

［48］罗福凯：《论技术资本：社会经济的第四种资本》，载于《山东大学学报（哲学社会科学版）》2014 年第 1 期。

［49］綦好东、曹伟、赵璨：《货币政策、地方政府质量与企业融资约束——基于货币政策传导机制影响的研究》，载于《财贸经济》2015 年第 4 期。

［50］屈文洲、谢雅璐、叶玉妹：《信息不对称、融资约束与投资—现金流敏感性——基于市场微观结构理论的实证研究》，载于《经济研究》2011 年第 6 期。

［51］任海云：《公司治理对创新投入与企业绩效关系调节效应研究》，载于《管理科学》2011 年第 5 期。

［52］任海云：《股权结构与企业 R&D 投入关系的实证研究——基于 A 股制造业上市公司的数据分析》，载于《中国软科学》2010 年第 5 期。

［53］任海云：《基于公司治理的 R&D 投入与企业绩效关系研究》，

西北大学博士学位论文，2010 年。

［54］孙俊华、陈传明：《企业家社会资本与公司绩效关系研究——基于中国制造业上市公司的实证研究》，载于《南开管理评论》2009 年第 2 期。

［55］孙月静、张文泉：《董事会结构、公司绩效与高管层报酬》，载于《中国软科学》2007 年第 9 期。

［56］汤业国：《中国中小上市公司治理与技术创新的关联性研究》，山东大学博士学位论文，2013 年。

［57］唐清泉、肖海莲：《融资约束与企业创新投资—现金流敏感性——基于企业 R&D 异质性视角》，载于《南方经济》2012 年第 11 期。

［58］汪延明、杜龙政：《基于关联偏差的产业链治理研究》，载于《中国软科学》2010 年第 7 期。

［59］汪延明、李维安：《产业链董事会协同能力的影响因素研究》，载于《管理评论》2014 年第 6 期。

［60］王兵：《独立董事监督了吗？——基于中国上市公司盈余质量的视角》，载于《金融研究》2007 年第 1 期。

［61］王黎萤、陈劲：《国内外团队创造力研究述评》，载于《研究与发展管理》2010 年第 4 期。

［62］王黎萤、陈劲：《研发团队创造力的影响机制研究——以团队共享心智模型为中介》，载于《科学学研究》2010 年第 3 期。

［63］王鹏飞、周建：《董事会战略介入模式研究——基于董事会能力的分析》，载于《外国经济与管理》2011 年第 12 期。

［64］王雪莉、马琳、王艳丽：《高管团队职能背景对企业绩效的影响：以中国信息技术行业上市公司为例》，载于《南开管理评论》2013 年第 4 期。

［65］王亚妮、程新生：《环境不确定性、沉淀性冗余资源与企业创新——基于中国制造业上市公司的经验证据》，载于《科学学研究》2014 年第 8 期。

［66］王永明、宋艳伟：《独立董事对上市公司技术创新投资的影响研究》，载于《科学管理研究》2010 年。

［67］王震勤、王维才、张斌：《基于超效率 DEA 的钢铁上市公司

技术效率与绩效研究》，载于《工业技术经济》2013年。

[68] 王竹泉、赵璨、王贞洁：《国内外融资约束研究综述与展望》，载于《财务研究》2015年第3期。

[69] 魏刚、肖泽忠、Nick Travlos等：《独立董事背景与公司经营绩效》，载于《经济研究》2007年第3期。

[70] 温忠麟、侯杰泰、张雷：《调节效应与中介效应的比较和应用》，载于《心理学报》2005年2月。

[71] 温忠麟、叶宝娟：《中介效应分析：方法和模型发展》，载于《心理科学进展》2014年。

[72] 温忠麟、张雷、侯杰泰等：《中介效应检验程序及其应用》，载于《心理学报》2004年5月。

[73] 文芳：《股权集中度、股权制衡与公司R&D投资——来自中国上市公司的经验证据》，载于《南方经济》2008年第4期。

[74] 文芳、胡玉明：《中国上市公司高管个人特征与创新投资》，载于《管理评论》2009年第11期。

[75] 吴秋生、黄贤环：《财务公司职能发挥与集团融资约束研究》，载于《经济问题》2016年第6期。

[76] 肖仁桥、钱丽、陈忠卫：《中国高技术产业创新效率及其影响因素研究》，载于《管理科学》2012年第5期。

[77] 谢永珍、李维安：《中国国有企业董事会治理：现状、问题与对策——基于对山东省管国有企业的调查》，载于《山东社会科学》2008年第11期。

[78] 徐向艺、汤业国：《董事会结构与技术创新绩效的关联性研究——来自中国中小上市公司的经验证据》，载于《经济与管理研究》2013年第2期。

[79] 徐欣、唐清泉：《财务分析师跟踪与企业R&D活动——来自中国证券市场的研究》，载于《金融研究》2010年第12期。

[80] 杨其静、杨继东：《董事会只是为了监督吗?》，载于《南开经济研究》2008年第6期。

[81] 杨兴全、张丽、吴昊旻：《市场化进程、管理层权力与公司现金持有》，载于《南开管理评论》2014年第2期。

[82] 杨洋、魏江、罗来军：《谁在利用政府补贴进行创新？——

所有制和要素市场扭曲的联合调节效应》，载于《管理世界》2015 年第 1 期。

［83］叶康涛、陆正飞、张志华：《独立董事能否抑制大股东的“掏空”?》，载于《经济研究》2007 年第 4 期。

［84］叶康涛、祝继高、陆正飞、张然：《独立董事的独立性：基于董事会投票的证据》，载于《经济研究》2011 年第 1 期。

［85］余泳泽、武鹏：《我国高技术产业研发效率空间相关性及其影响因素分析——基于省级面板数据的研究》，载于《产业经济评论》2010 年第 9 卷第 3 辑。

［86］俞伟峰、朱凯、王红梅、张璐：《管制下的独立董事：不求有功，但求无过——基于中国独立董事制度的经验分析》，载于《中国会计与财务研究》2010 年第 3 期。

［87］苑泽明、严鸿雁、吕素敏：《中国高新技术企业专利权对未来经营绩效影响的实证研究》，载于《科学学与科学技术管理》2010 年第 6 期。

［88］曾江洪、肖涛：《董事会非正式层级、技术董事与技术创新绩效》，载于《科技与经济》2015 年第 3 期。

［89］张斌、王跃堂：《业务复杂度、独立董事行业专长与股价同步性》，载于《会计研究》2014 年第 7 期。

［90］张文隆、余耀东、周建：《董事会专业能力与成长型战略决策关系研究——基于中国台湾面板企业的经验证据》，载于《现代管理科学》2012 年第 5 期。

［91］赵增耀：《董事会的构成与其职能发挥》，载于《管理世界》2002 年。

［92］赵子夜：《小额赢利、独立董事和审计鉴证》，载于《会计研究》2007 年第 4 期。

［93］赵子夜：《业务复杂度、股权制衡和独立董事行业监督力》，载于《经济科学》2006 年第 5 期。

［94］郑志刚：《法律外制度的公司治理角色——一个文献综述》，载于《管理世界》2007 年第 9 期。

［95］郑志刚：《公司治理机制理论研究文献综述》，载于《南开经济研究》2004 年第 5 期。

［96］郑志刚：《投资者之间的利益冲突和公司治理机制的整合》，载于《经济研究》2004 年第 2 期。

［97］郑志刚、吕秀华：《董事会独立性的交互效应和中国资本市场独立董事制度政策效果的评估》，载于《管理世界》2009 年第 7 期。

［98］仲继银：《董事会与公司治理》，中国发展出版社 2014 年版。

［99］周红根、罗福凯、赵海燕：《融资约束、公司治理与技术资本配置——来自中国高端装备制造业上市公司经验证据》，载于《科技管理研究》2015 年第 19 期。

［100］周建、方刚、刘小元：《制度环境、公司治理对企业竞争优势的影响研究——基于中国上市公司的经验证据》，载于《南开管理评论》2009 年第 5 期。

［101］周建、李小青：《董事会认知异质性对企业创新战略影响的实证研究》，载于《管理科学》2012 年第 6 期。

［102］周煊、程立茹、王皓：《技术创新水平越高企业财务绩效越好吗？——基于 16 年中国制药上市公司专利申请数据的实证研究》，载于《金融研究》2012 年第 8 期。

［103］Abel A. B. Empirical Investment Equations：An Integrative Framework. Carnegie – Rochester Conference Series on Public，1980，pp. 39 – 91.

［104］Abel A. B.，Blanchard O. J. Investment and Sales：Some Empirical Evidence. Social Science Electronic Publishing，1986.

［105］Acemoglu D. Introduction to Modern Economic Growth. Princeton University Press，2008.

［106］Acs Z. J.，Audretsch D. B. Patents as a Measure of Innovative Activity. Kyklos，Vol. 42，No. 2，1989，pp. 171 – 80.

［107］Adler P. S.，Ferdows K. The Chief Technology Officer. California Management Review，Vol. 32，No. 3，1990，pp. 55 – 62.

［108］Ahuja G.，Katila R. Technological Acquisitions and the Innovation Performance of Acquiring Firms：A Longitudinal Study. Strategic Management Journal，Vol. 22，No. 3，2001，pp. 197 – 220.

［109］Allen F.，Qian J.，Qian M. Law，Finance，and Economic Growth in China. Journal of Financial Economics，Vol. 77，No. 1，2005，pp. 57 – 116.

[110] Almeida H., Campello M., Weisbach M. S. The Cash Flow Sensitivity of Cash. The Journal of Finance, Vol. 59, No. 4, 2004, pp. 1777 - 1804.

[111] April, B., Klein. Firm Performance and Board Committee Structure. Journal of Law and Economics, Vol. 41, No. 1, 1998, pp. 275 - 303.

[112] Ayyagari M., Demirgüç - Kunt A., Maksimovic V. How Important are Financing Constraints? The Role of Finance in the Business Environment. The World Bank Economic Review, Vol. 22, No. 3, 2008, pp. 483 - 516.

[113] Baker T., Nelson R. E. Creating Something from Nothing: Resource Construction Through Entrepreneurial Bricolage. Administrative Science Quarterly, Vol. 50, No. 3, 2005, pp. 329 - 366.

[114] Barber J., Metcalfe J., Porteous M. Barriers to Growth in Small Firms: The Acard Study. London: Routledge, Vol. 88, No. 2, 1989, pp. 1 - 19.

[115] Barkema H. G., Shvyrkov O. Does Top Management Team Diversity Promote or Hamper Foreign Expansion? . Strategic Management Journal, Vol. 28, No. 7, 2007, pp. 663 - 680.

[116] Baron, R. M., Kenny, D. A. The Moderator - Mediator Variable Distinction in Social Psychological Research: Conceptual, Strategic, and Statistical Considerations. Journal of Personality and Social Psychology, Vol. 51, No. 6, 1987, pp. 1173 - 1182.

[117] Bartov E. The Timing of Asset Sales and Earnings Manipulation. Accounting Review, 1993, pp. 840 - 855.

[118] Baysinger B. D., Kosnik R. D. and Turk T. A. Effects of Board and Ownership Structure on Corporate R&D Strategy. Academy of Management Journal, Vol. 34, No. 1, 1991, pp. 205 - 214.

[119] Baysinger B., Hoskisson R. E. The Composition of Boards of Directors and Strategic Control: Effects on Corporate Strategy. Academy of Management Review, Vol. 15, No. 1, 1990, pp. 72 - 87.

[120] Belloc F. Corporate Governance and Innovation: A Survey. Jour-

nal of Economic Surveys, Vol. 26, No. 5, 2012, pp. 835 - 864.

[121] Benfratello L., Schiantarelli F., Sembenelli A. Banks and Innovation: Microeconometric Evidence on Italian Firms. Journal of Financial Economics, Vol. 90, No. 2, 2008, pp. 197 - 217.

[122] Berger P. G. Explicit and Implicit Tax Effects of the R & D Tax Credit. Journal of Accounting Research, 1988, pp. 577 - 590.

[123] Binz H. L., Czarnitzki D. Financial Constraints: Routine Versus Cutting Edge R&D Investment, 2008.

[124] Bol Tricker. Corporate Governance: An International View, Prentice Hall, 1994.

[125] Bond S., Meghir C. Dynamic Investment Models and the Firm's Financial Policy. Review of Economic Studies, Vol. 61, No. 2, 1994, pp. 197 - 222.

[126] Brickley J. A., James C. M. The Takeover Market, Corporate Board Composition, and Ownership Structure: The Case of Banking. The Journal of Law and Economics, Vol. 30, No. 1, 1987, pp. 161 - 180.

[127] Brickley J. A., Zimmerman J. L. Corporate Governance Myths: Comments on Armstrong, Guay, and Weber. Journal of Accounting and Economics, Vol. 50, No. 2, 2010, pp. 235 - 245.

[128] Carpenter R. E., Petersen B. C. Is the Growth of Small Firms Constrained By Internal Finance?. Review of Economics and Statistics, Vol. 84, No. 2, 2002, pp. 298 - 309.

[129] Carreira C., Silva F. Financial Shackles: An Analysis of Firms' Financial Constraints in Portugal. In G. T. Papanikos (ed.). Economic Essays. Athens Institute for Education and Research, 2012, pp. 455 - 466.

[130] Certo, S. T., Lester R. H., Dalton C. M., Dalton, D. R. Top Management Teams, Strategy and Financial Performance: A Meta - Analytic Examination. Journal of Management Studies, Vol. 43, No. 4, 2006, pp. 813 - 839.

[131] Cleary S. The Relationship Between Firm Investment and Financial Status. The Journal of Finance, Vol. 54, No. 2, 1999, pp. 673 - 692.

[132] Cornett M. M., Marcus A. J., Saunders A., Tehranian, H.

The impact of institutional ownership on corporate operating performance. Journal of Banking & Finance, Vol. 31, No. 6, 2007, pp. 1771 - 1794.

[133] Crosby M. Patents, Innovation and Growth. Economic Record, Vol. 76, No. 234, 2000, pp. 255 - 262.

[134] Czarnitzki D., Hottenrott H. R&D Investment and Financing Constraints of Small and Medium-sized Firms. Small Business Economics, Vol. 36, No. 1, 2011, pp. 65 - 83.

[135] Dechow P. M., Sloan R. G. Executive Incentives and the Horizon Problem: An Empirical Investigation. Journal of Accounting and Economics, Vol. 14, No. 1, 1991, pp. 51 - 89.

[136] Dechow P. M., Sloan R. G., Sweeney A. P. Causes and Consequences of Earnings Manipulation: An Analysis of Firms Subject to Enforcement Actions by the SEC. Contemporary Accounting Research, Vol. 13, No. 1, 1996, pp. 1 - 36.

[137] Denis D. J., Denis D. K. Managerial Discretion, Organizational Structure, and Corporate Performance: A Study of Leveraged Recapitalizations. Journal of Accounting and Economics, Vol. 16, No. 1, 1993, pp. 209 - 236.

[138] Dittmar A., Thakor A. Why Do Firms Issue Equity?. The Journal of Finance, Vol. 62, No. 1, 2007, pp. 1 - 54.

[139] Duchin R., Matsusaka J. G., Ozbas O. When Are Outside Directors Effective?. Journal of Financial Economics, Vol. 96, No. 2, 2010, pp. 195 - 214.

[140] Ernst H. Patent Applications and Subsequent Changes of Performance: Evidence from Time-series Cross-section Analyses on the Firm Level. Research Policy, Vol. 30, No. 1, 2001, pp. 143 - 157.

[141] Fagerberg J., Godinho M. M. Innovation and Catching-up. The Oxford Handbook of Innovation. Oxford University Press, New York, 2005, pp. 514 - 543.

[142] Fama E. F. Agency Problems and the Theory of the Firm. Journal of Political Economy, Vol. 88, No. 2, 1980, pp. 288 - 307.

[143] Fama E. F., Jensen M. C. Separation of Ownership and Control. The Journal of Law and Economics, Vol. 26, No. 2, 1983, pp. 301 - 325.

[144] Fazzari S. M., Hubbard R. G., Petersen B. C., et al. Financing Constraints and Corporate Investment. Brookings Papers on Economic Activity, Vol. 1988, No. 1, 1988, pp. 141 - 206.

[145] Fazzari S. M., Petersen B. C. Working Capital and Fixed Investment: New Evidence on Financing Constraints. The Rand Journal of Economics, 1993, pp. 328 - 342.

[146] Fisman R., Svensson J. Are Corruption and Taxation Really Harmful to Growth? Firm Level Evidence. Journal of Development Economics, Vol. 83, No. 1, 2007, pp. 63 - 75.

[147] Francis J., Smith A. Agency Costs and Innovation - Some Empirical Evidence. Journal of Accounting and Economics, Vol. 19, 1995, pp. 383 - 409.

[148] Freedman L. S., Schatzkin A. Sample Size for Studying Intermediate Endpoints within Intervention Trials or Observational Studies. American Journal of Epidemiology, Vol. 136, No. 9, 1992, pp. 1148 - 1159.

[149] Golden, B. R., Zajac, E. J. When will Boards Influence Strategy? Inclination × Power = Strategic Change. Strategic Management Journal, Vol. 22, No. 12, 2001, pp. 1087 - 1111.

[150] Goodstein J., GautamK., BokerW. The Effects of Board Size and Diversity on Strategic Change. Strategic Management Journal, No. 15, 1994, pp. 241 - 250.

[151] Graham J. R., Harvey C. R., Rajgopal S. The Economic Implications of Corporate Financial Reporting. Journal of Accounting and Economics, Vol. 40, No. 1, 2005, pp. 3 - 73.

[152] Griliches Z. Patent Statistics as Economic Indicators: A Survey. National Bureau of Economic Research, 1990.

[153] Griliches Z., Hall B. H., Pakes A. R&D, Patents, and Market Value Revisited: Is There A Second (Technological Opportunity) Factor? . Economics of Innovation & New Technology, Vol. 1, No. 1, 1991, pp. 183 -

201.

[154] Grossman S. J., Hart O. D. The Costs and Benefits of Ownership: A Theory of Vertical and Lateral Integration. Journal of Political Economy, Vol. 94, No. 4, 1986, pp. 691 – 719.

[155] Gunny K. A. The Relation between Earnings Management Using Real Activities Manipulation and Future Performance: Evidence from Meeting Earnings Benchmarks. Contemporary Accounting Research, Vol. 27, No. 3, 2010, pp. 855 – 888.

[156] Hadlock C. J., Pierce J. R. New Evidence on Measuring Financial Constraints: Moving Beyond the KZ Index. Review of Financial Studies, Vol. 23, No. 5, 2010, pp. 1909 – 1940.

[157] Haleblian J., Finkelstein S. Top Management Team Size, CEO Dominance, and Firm Performance: The Moderating Roles of Environmental Turbulence and Discretion. Academy of Management Journal, Vol. 36, No. 4, 1993, pp. 844 – 863.

[158] Hall B. H. Investment and Research and Development at the Firm Level: Does the Source of Financing Matter? [R]. National Bureau of Economic Research, 1992.

[159] Hall B. H. The Financing of Research and Development. Oxford Review of Economic Policy, Vol. 18, No. 1, 2002, pp. 35 – 51.

[160] Hall B. H., Lerner J. The Financing of R&D and Innovation. Handbook of the Economics of Innovation, Vol. 1, 2010, pp. 609 – 639.

[161] Hambrick D. C, Mason P. A. Upper Echelons: The Organization as a Reflection of Its Top Managers. Academy of Management Review, Vol. 9, No. 2, 1984, pp. 193 – 206.

[162] Hartly, S. The Effectiveness of the Chief Technology Officer. Research Technology Management, Vol. 54, No. 3, 2011, pp. 128 – 145.

[163] Hayashi F. Tobin's Marginal Q and Average Q: A Neoclassical Interpretation. Econometrica, Vol. 50, No. 1, 1982, pp. 213 – 224.

[164] Haynes K. T., Hillman A. The Effect of Board Capital and CEO

Power on Strategic Change. Strategic Management Journal, Vol. 31, No. 11, 2010, pp. 1145 – 1163.

[165] Healy P. M., Palepu K. G., Ruback R. S. Does Corporate Performance Improve After Mergers? Journal of Financial Economics, Vol. 31, No. 2, 1992, pp. 135 – 175.

[166] Hermalin B. E., Weisbach M. S. Endogenously Chosen Boards of Directors and Their Monitoring of the CEO. American Economic Review, 1998, pp. 96 – 118.

[167] Hill C. W., Snell S. A. External Control, Corporate Strategy, and Firm Performance in Research-intensive Industries. Strategic Management Journal, Vol. 9, No. 6, 1988, pp. 577 – 590.

[168] Hillman A. J., Dalziel T. Boards of Directors and Firm Performance: Integrating Agency and Resource Dependence Perspective. Academy of Management Review, Vol. 28, No. 3, 2003, pp. 383 – 396.

[169] Himmelberg C. P., Petersen B. C. R&D and Internal Finance: a Panel Study of Small Firms in High-tech Industries. The Review of Economics and Statistics, 1994, pp. 38 – 51.

[170] Holmstrom B. Agency Costs and Innovation. Journal of Economic Behavior & Organization, Vol. 12, No. 3, 1989, pp. 305 – 327.

[171] Hovakimian G. Financial Constraints and Investment Efficiency: Internal Capital Allocation across the Business Cycle. Journal of Financial Intermediation, Vol. 20, No. 2, 2011, pp. 264 – 283.

[172] Huynh K., Rotondi Z. R&D Spending, Local Banks, and Knowledge Spillovers [C]. Unpublished Working Paper, Indiana University Bloomington and University of Ferrara, 2007.

[173] Jensen M. C., Meckling W. H. Theory of the Firm: Managerial Behavior, Agency Costs and Ownership Structure. Journal of Financial Economics, Vol. 3, No. 4, 1976, pp. 305 – 360.

[174] Jorgenson D. W. Capital Theory and Investment Behavior. American Economic Review, Vol. 53, No. 2, 1963, pp. 247 – 259.

[175] Kaplan S. N., Zingales L. Do Investment-cash Flow Sensitivities Provide Useful Measures of Financing Constraints?. Quarterly Journal of Eco-

nomics, Vol. 112, No. 1, 1997, pp. 169 –215.

[176] Kasseeah H. Financing Decisions and Financial Constraints: Evidence from the UK and China, 2008.

[177] Laeven L. Does Financial Liberalization Reduce Financing Constraints? . Financial Management, Vol. 32, No. 1, 2003, pp. 5 –34.

[178] Lamont O. , Polk C. , Saá-requejo J. Financial Constraints and Stock Returns. Review of Financial Studies, Vol. 14, No. 2, 2001, pp. 529 –554.

[179] Lang M. , Lundholm R. The Relation Between Security Returns, Firm Earnings, and Industry Earnings. Contemporary Accounting Research, Vol. 13, No. 2, 1996, pp. 607 –629.

[180] Lazonick W. What Happened to the Theory of Economic Development? . Cambridge: Harvard University Press, 1991.

[181] Lazonick W. , O'Sullivan M. Maximizing Shareholder Value: A New Ideology for Corporate Governance. Economy and Society, Vol. 29, No. 1, 2000, pp. 13 –35.

[182] Lee P. M. , O'Neill H. M. Ownership Structures and R&D Investments of US and Japanese Firms: Agency and Stewardship Perspectives. Academy of Management Journal, Vol. 46, No. 2, 2003, pp. 212 –225.

[183] Lehn K. M. , Patro S. , Zhao M. Determinants of the Size and Composition of US Corporate Boards: 1935 – 2000. Financial Management, Vol. 38, No. 4, 2009, pp. 747 –780.

[184] Levine R. Bank-based or Market-based Financial Systems: Which Is Better? . Journal of Financial Intermediation, Vol. 11, No. 4, 2002, pp. 398 –428.

[185] Levine R. Finance and Growth: Theory and Evidence. Handbook of Economic Growth, Vol. 1, 2005, pp. 865 –934.

[186] Lo D. , Li G. , Jiang Y. Financial Governance and Economic Development: Making Sense of the Chinese Experience. PSL Quarterly Review, Vol. 64, No. 258, 211, pp. 267 –286.

[187] Maddla G. S. Limited – Dependent and Qualitative Variables in

Econometrics. Cambridge University Press, 1983.

[188] Medcof JW. The Organizational Influence of the Chief Technology Officer. R&D Management, Vol. 38, No. 4, 2008, pp. 406 -420.

[189] Morck R., Shleifer A., Vishny R. W. Management Ownership and Market Valuation: An Empirical Analysis. Journal of Financial Economics, Vol. 20, No. 88, 1998, pp. 293 -315.

[190] O'Sullivan M. The EU's R&D Deficit and Innovation Policy. Expert Group on Knowledge for Growth, 2007.

[191] O'Sullivan M. The innovation enterprise and corporate governance. Cambridge Journal of Economics, Vol. 24, 2000, pp. 393 -416.

[192] Offstein E. H., Gnyawali D. R., Cobb A. T. A Strategic Human Resource Perspective of Firm Competitive Behavior. Human Resource Management Review, Vol. 15, No. 4, 2005, pp. 305 -318.

[193] Osma B. G. Board Independence and Real Earnings Management: The Case of R&D Expenditure. Corporate Governance: An International Review, Vol. 16, No. 2, 2008, pp. 116 -131.

[194] Pearce J., Zahra S. The Relative Power of CEOs and Boards of Directors: Associations with Corporate Performance. Strategic Management Journal, No. 12, 1991, pp. 135 -153.

[195] Peasnell K. V., Pope P. F., Young S. Board Monitoring and Earnings Management: Do Outside Directors Influence Abnormal Accruals? . Journal of Business Finance & Accounting, Vol. 32, No. 7, 2005, pp. 1311 -1346.

[196] PfefferJ., Salancik G. R. The External Control of Organizations: A Resource Dependence Perspective. New York, Harper and Row, 1978.

[197] Rafferty B. Currency Returns, Skewness and Crash Risk. 2012.

[198] Rajan R. G., Zingales L. Which Capitalism? Lessons from the East Asian Crisis. Journal of Applied Corporate Finance, Vol. 11, No. 3, 1998, pp. 40 -48.

[199] Roberts E. B. Benchmarking Global Strategic Management of Technology. Research Technology Management, No. 2, 2001, pp. 25 -3.

[200] Roychowdhury S. Earnings Management through Real Activities

Manipulation. Journal of Accounting and Economics, Vol. 42, No. 3, 2006, pp. 335 – 370.

[201] Salancik G. R., Pfeffer J. A Social Information Processing Approach to Job Attitudes and Task Design. Administrative Science Quarterly, 1978, pp. 224 – 253.

[202] Schaller H. Asymmetric Information, Liquidity Constraints, and Canadian Investment. Canadian. Journal of Economics, 1993, pp. 552 – 574.

[203] Schipper K. Commentary on Earnings Management. Accounting Horizons, Vol. 3, No. 4, 1989, pp. 91 – 102.

[204] Schumpeter J. A. Capitalism, Socialism and Democracy. London: University of Notre Dame Press, 1991.

[205] Sena V. Technical Efficiency Change and Finance Constraints: An Empirical Analysis for the Italian Manufacturing, 1989 – 1994. Citeseer, 1998.

[206] Sena V. The Determinants of Firms' Performance: Can Finance Constraints Improve Technical Efficiency? . European Journal of Operational Research, Vol. 172, No. 1, 2006, pp. 311 – 325.

[207] Stiglitz J. E., Weiss A. Credit Rationing in Markets with Imperfect Information. The American Economic Review, Vol. 71, No. 3, 1981, pp. 393 – 410.

[208] Stiles P., Taylor B. Boards at Work: How Directors View Their Roles and Responsibilities. Oxford, 2001.

[209] Tietze F., HerstattC., Lorenzen P. The Role of the Chief Technology Officer – Responsibilities, Skills and Qualifications and Organizational Integration. Social Science Electronic Publishing, Vol. 32, No. 3, 2007, pp. 55 – 62.

[210] Tobin J. A General Equilibrium Approach to Monetary Theory. Journal of Money Credit and Banking, Vol. 1, No. 1, 1969, pp. 15 – 29.

[211] Trueman B., Titman S. An Explanation for Accounting Income Smoothing. Journal of Accounting Research, 1988, pp. 127 – 139.

[212] Ughetto E. Does Internal Finance Matter for R&D? New Evidence

from a Panel of Italian Firms. Cambridge Journal of Economics, Vol. 32, No. 6, 2008, pp. 907 -925.

[213] Wade J., O'Reilly III C. A., Chandratat I. Golden Parachutes: CEOs and the Exercise of Social Influence. Administrative Science Quarterly, 1990, pp. 587 -603.

[214] Whited T. M., Wu G. Financial Constraints Risk. Review of Financial Studies, Vol. 19, No. 2, 2006, pp. 531 -559.

[215] Yasuyuki Suzuki. Chief Technology Officer's Views and Behaviors in the Dual Innovation Management System. Research Technology Management, No. 3, 2009, pp. 121 -127.

[216] Zhang J., Hall W., Leiponen A. Capital Structure and Innovation in Asian Emerging Economies, 2010.